СТУПЕНИ СОЗНАНИЯ

Станислав
ХОХЕЛЬ

СЕКРЕТЫ ПОБЕДИТЕЛЯ
Книга развития личных качеств

САНКТ-ПЕТЕРБУРГ
ИЗДАТЕЛЬСТВО «НЕВСКИЙ ПРОСПЕКТ»
2000

ББК 53.54
Х 49

Х 49 Хохель С. О.
Секреты Победителя: Книга развития личных качеств — СПб.: Издательство «Невский проспект», 2000. — 192 с. (Серия «Ступени сознания»)
ISBN 5-8378-0148-0

Эта книга поможет вам выбрать свою цель, свое счастье, свое виденье мира; избавиться от внутренних войн и конфликтов с самим собой; понять и полюбить самого себя; принять свои желания и начать жить так, как вы хотите; освободить сознание от плесени стереотипного мышления; освободить себя от навязанных обществом, безнадежно устаревших моделей поведения; найти свой путь к успеху; обрести жизненные силы, чтобы двигаться по этому пути; наполнить себя совершенной энергией, дающей силу неузнаваемо изменить свою жизнь.

ISBN 5-8378-0148-0

© Хохель С. О., 2000
© «Невский проспект», 2000

ОБ АВТОРЕ

Станислав Хохель — психолог-практик, проводящий индивидуальное консультирование и работающий с группами личного роста; автор, сотрудничающий с журналами, освещающими психологические темы; бизнес-консультант и ведущий тренингов для предприятий по развитию персонала. В 1996—1999 годах организовал, поддерживал работу и частично спонсировал из личных средств первый бесплатный волонтерский телефон доверия в Киеве «Мерла». Сегодня Станислав известен также как личный тренер по персональному развитию и консультант украинской деловой элиты, а также некоторых консультирующих психологов. Имеет два высших образования: в области психологии и иностранной филологии; докладчик международных конференций по психологии в университетах США (1991) и Франции (1994—1995).

Автор выражает глубокую благодарность Людмиле Литвиненко — руководителю Центра развития человека «Мерла», чьи мысли легли в основу большей части данной книги. Автор также признателен всем тем, чьи идеи или помощь при очном или заочном контакте помогли сформировать потенциал данного издания: Константину Литвиненко, Барри и Джаней Вайнхолд, Ошо, Райэн Эйслер, Лене Давыденко, Саше Акрытову, Мише Варшавскому и многим другим.

Любимой

ПРЕДИСЛОВИЕ

Большинство людей уже привыкло и внутренне смирилось с фактом, что в мире существуют богатые и бедные, знаменитые и безвестные, счастливые и несчастные. Поскольку желаемое удается получить далеко не всем и далеко не всегда в необходимом для полного счастья количестве, люди часто сетуют на несчастливую судьбу, несправедливые обстоятельства или (гораздо реже) на недостаточные личные качества. Впрочем, не особенно задумываясь над тем, как эти качества они могли бы воспитать в себе или развить до необходимого для внешнего успеха объема.

Однако существует и иная категория людей, для которых и предназначена эта книга. Те, кто уже понял, что все возможности жизненного успеха заключены в нас самих.

Любые технологии саморазвития, психотехники и концепции личного роста просто помогают нам в достижении наших целей и ускоряют наше продвижение к ним. Но для этого следует глубже осознать значение саморазвития и всерьез им заняться.

Для тех же, кто этого еще не осознал либо по тем или иным причинам осознавать отказывается, — остается вечное недовольство своими домочадцами, поступками окружающих, работой, семьей, бизнесом, зарплатой или уровнем дохода, ситуацией в стране, политикой правительства, временем или местом, в котором они живут (список продолжите сами). Конечно, в некоторой степени они обращают свои обиды и претензии и к самим себе, забывая при этом, что смысл жизни не в том, чтобы бесконечно грызть себя или других за очередные промахи, а в том, чтобы самому измениться для того, чтобы занять в ней достойное тебя место.

В современной психологической литературе бытует обобщенный портрет Неудачника, вечно имеющего проблемы с деньгами, работой, учебой или личными взаимоотношениями. Правда, назван он более деликатно: «психологически зависимый». Психологически зависимые — это те, кто от страха потерять то, что имеешь, или хотя бы рискнуть этим не готов к позитивным изменениям. Ведь чтобы делать что-то по-настоящему значительное, необходимо чем-то рисковать или жертвовать — если не деньгами, собственной репутацией или привязанностью других людей, то, как минимум, своим временем и усилиями, не будучи особенно уверенным, что из этого с первого раза что-то получится, — но ведь под лежачий камень вода не течет. То есть зависимость от чего-либо, которая уже не приносит в нашу жизнь ни удовольствия, ни радости от обладания или содружества, тем не менее держит нас под своим контролем и вовсе не собирается так просто отпускать нас.

Наша зависимость чаще всего распространяется на членов наших семей (кому не известна такая ситуация — и жизни нет, и разводиться страшновато); людей, с которыми мы дружим, живем или работаем; деньги, которые мы боимся терять и не умеем зарабатывать; наркотики, кофе, алкоголь, сигареты, азартные игры, газеты и телевидение, которые мы часто ругаем, не будучи способными без них обходиться. Почти так же часто зависимыми становятся от семейного уклада жизни, стереотипов поведения или мышления, политической или научной идеологии, религии или морали и прочих общепринятых ценностей, которые мы усердно рекламируем среди других, забывая о том, что лично нам эти знания или занятия почему-то не принесли счастья. Иными словами, зависимость существует как бы в режиме качания маятника от приступов вины и собственной неполноценности из-за осознания того, что ты не можешь соответствовать неким абстрактным идеалам, до агрессии по отношению к тем, кто этим самым идеалам соответствует еще меньше, чем ты сам. Впрочем, это качание всегда осуществляется в одном измерении и представляет собой иллюзорное движение в порочном круге однообразных рефлексов и занятий, которое, по своей сути, сродни *стоянию* на одном месте, если смотреть на него с высоты более масштабного, не сводящегося к оценке сиюминутных приобретений видения нашей жизни.

Становление человека — это всегда *движение*. Движение по пути к Успеху еще называют психологическим или личностным ростом; а движение к Просветлению — духовным. Иногда становление человека называют еще личным ростом, а также расширением сознания, саморазвитием и самоменеджментом, — однако дело не в словах, а в смысле, который мы в них вкладываем.

Независимо от выбора направления, любое движение осуществляется *от* и приводит *к*.

Итак, от чего и к чему идет становление человека?

Это движение начинается *от* преодоления уже известной нам психологической зависимости и собственных ограничений. С отказа *от* подавления наших глубинных желаний и стремлений. С избавления от оков чувства вины за них для дальнейшего осознания и реализации. С ухода от неосознанного желания оставаться контролируемыми и управляемыми, подобно малым детям, за которых все решали их родители (мужья, жены, власти, начальники, политические или религиозные лидеры, общественные законы или порядки). И с избавления от иллюзии, будто за нынешнее положение вещей в твоей жизни отвечает кто угодно и что угодно, только не ты.

Становление Человека — это движение по направлению к Мечте, к исполнению самых сокровенных, самых заветных своих желаний. Это путь *к* овладению бесконечными творческими силами своего «Я», которые позволяют нам этих желаний достичь. Это исход *в* единственно реальный мир — тот мир, который мы даем себе право *видеть* и *менять* сами.

Наконец, это прорыв к своему собственному внутреннему ядру, центру — в пространство личного развития, в котором возможно бесконечное развертывание своего потенциала; в круг позитивной направленности своего ума, уверенности в своих способностях и любви к себе; в зону полной и совершенной энергии здесь-и-сейчас, дающей силу неузнаваемо изменить свою жизнь.

Это попадание в ту самую точку *успеха*, которая всегда существовала внутри нас, но предпочитала пребывать в непроявленном, спящем состоянии, в то время как раскачиваемый нами маятник неразумной суеты нашего *прежнего* бытия со свистом пролетал мимо нее.

Обретая свой *внутренний* центр, мы начинаем размеренное и постепенное, но необратимо ускоряющееся движение к своей цели тем единственным способом, который выбрали мы и который в ту же самую минуту выбрал нас.

Нам остается только найти в себе этот центр и включить его. Это — в наших силах.

Остановите на минуту свой маятник. Вырвитесь из круга привычных дел. Уделите немного времени лично себе. Сядьте, раскройте эту книгу и полистайте ее. Если она заинтересует вас, просто разрешите себе прочесть ее до конца.

Вы этого стоите.

О РАЗВИТИИ ЧЕЛОВЕКА

> Путь — пустой сосуд. Но в применении он неисчерпаем.
>
> *Лао-Цзы*

Перед погружением в пространство личного развития отсеем ложные способы его понимания.

Итак, что *не является* личным развитием?

Личное развитие не есть движение к каким бы то ни было атрибутам власти над другими людьми, хотя и может привести вас именно к ним.

Личное развитие не есть непременное пробуждение в себе каких-либо сил или свойств сверхчеловека.

Личное развитие не есть положение вещей, при котором возможно заявить: «Я достиг».

Личное развитие не есть набор одних и тех же Правил или Заповедей, которым надлежит следовать на протяжении всей своей жизни.

Личное развитие не является ситуацией, в которой достигший заманивает к себе толпы, возбуждая их интерес, — избранные сами приходят к нему.

Личное развитие не означает слепое следование какой-либо одной психологической или религиозной традиции — но стремление вместить и принять все разбросанные цветы.

Личное развитие не есть обретение какой-то тайной информации, но является выработкой определенных качеств в ходе постоянной работы над собой.

Чем же тогда является личное развитие?

Личное развитие есть самый короткий и самый эффективный путь к своему успеху и благосостоянию, хотя иногда он и кажется долгим.

Личное развитие есть качественно новый, *осознанный* этап развития человека, когда пробудившаяся энергия творчества начинает бурно и радикально изменять обстоятельства нашей жизни до тех пор, пока *личность* не исчезает, освобождая место для *сущности*, смеющей стать тем, чем она может быть.

Личное развитие есть постепенное *самоисцеление* от всех эмоциональных проблем и телесных болезней без систематического и целенаправленного применения каких-то исключительных лекарств, средств или методик.

Личное развитие есть поиск единомышленников, или пребывание в *группе,* связанной взаимным притяжением и симпатией, а также сознанием общего дела.

Личное развитие есть переход от сознания, мыслящего исключительно общеупотребительными, привычными для всех *категориями,* в высшие, творческие измерения сознания — с постоянным центрированием в этих измерениях.

Личное развитие есть постоянное самонаблюдение и самоосознавание, ведущее к выработке *новых* качеств.

Личное развитие есть постоянное *обучение*, в процессе которого каждый, кто является Учителем, помогая другому, одновременно пребывает в качестве Ученика по отношению к более развитым типам сознания, иногда не имеющим иных каналов связи с нами, кроме мысленных. Невозможно *постигнуть все*, ибо это означает остановку в развитии.

Признаком нахождения на достаточно высоких этапах личного развития является помощь другим в прохождении тех этапов, которые когда-то прошел ты сам.

Для меня, например, одним из способов реализации собственного личного развития стала эта книга.

СИСТЕМЫ ЛИЧНОГО РАЗВИТИЯ

> Хорошие времена еще придут. Вот они.
>
> *Вернер Эрхард*

О личном развитии во все времена говорилось и писалось немало.

Ницше упоминал о том, что человек в своем развитии проходит три стадии — верблюд, лев и дитя. Верблюд покорно тащит на себе возложенные обществом обязательства, лев сильной лапой сбрасывает их груз и берет то, что положено ему по праву, а дитя радуется жизни, не особенно заботясь о том, когда именно осуществятся его желания.

Герман Гессе в романе «Сиддхартха» рассказывал о «людях-детях», каких большинство. Люди-дети покорно следуют общественным правилам и традициям, ориентируясь на привычный, средний уровень и дожидаясь, пока кто-то из «взрослых» не покажет им иной путь. Гессе описывал этапы развития героя, способного этот путь показать.

В «Дианетике» Рона Хаббарда вершиной человеческой реализации стал «клир» — человек, избавившийся от страхов за физиологическое выживание и потому обладающий ясным видением вещей, которого не способны достичь менее развитые люди.

Знаменитый Маслоу подразделял людей на типы, которые могли охватить различное количество уровней жизненной реализации — от обеспечения собственной безопасности и стремления к богатству, престижу и общению с себе подобными до уровня творческой самореализации, иногда достигаемой ценой жизненных благ.

Эрик Эриксон ознакомил общественность с кризисами разных возрастов, развив или опровергнув многие положения доктора Спока, долгие годы считавшегося непоколебимым авторитетом в области детского воспитания.

Кризисы Эриксона происходят приблизительно каждые 7 лет и ведут человека по жизни от рождения до старости. Результатом успешного их прохождения является выработка позитивных качеств и негативных, если внутренняя сила, достаточная для того, чтобы выйти победителем из очередного кризиса, отсутствует.

В контексте разговора о системах личного развития хотелось бы упомянуть и человека Фромма, центрирующегося на «быть» после «иметь», и человека Хайдеггера, выбравшего себя, и воина Кастанеды, и благородного мужа Конфуция, и четыре стадии развития духа даосизма, — почти каждый общественно значимый философ или мыслитель предлагал миру собственную модель саморазвития. Но больше всего в создании этих моделей преуспели американцы, чья психологическая наука последних лет развивается особенно быстро.

Сегодня ведущие психотерапевты Соединенных Штатов утверждают, что человек в своем жизненном развитии проходит четыре основные стадии: зависимость, контрзависимость, независимость и взаимозависимость, хотя и трактуют последнее понятие несколько расплывчато. Американский подход подразумевает, что зависимые не умеют распоряжаться своей жизнью, боятся одиночества и из-за этого постоянно «влипают» в больные отношения внутри собственных семей, групп или кланов, не умея ни вырваться из них, ни переменить их уклад в свою пользу; контрзависимые делают то же самое, но занимают при этом, в отличие от первых, скорее опекающе-контролирующую, чем страдательно-жертвенную позицию; независимые просто идут к своему успеху, не особенно обременяя себя лишними связями и взаимоотношениями; взаимозависимые, будучи столь же успешны, как и независимые, проявляют большую душевность и открытость по отношению к другим людям.

Жизненная энергия последних двух типов значительно выше и организована гораздо разумнее. Поскольку не распыляется, подобно энергии первых, на бесконечные скандалы и нервные срывы, возникающие из попыток контролировать поведение других людей или менять их в желаемую для себя сторону. Именно поэтому зависимые и взаимозависимые способны быстро и осознанно двигаться к своему успеху, добиваясь поставленных перед собой целей.

Благодаря популярности вышеприведенной психологической классификации в американском менеджменте, подбирая персонал для нужд управления и кадровой политики, людей стали делить на «ориентированных на себя», «ориентированных на дело» и «ориентированных на взаимодействие». Смысл этой градации состоит в том, что в зависимости от широты сознания и количества творческого потенциала человек способен решать в порядке приоритетности либо только самую важную задачу — ставит на первое место «свои» проблемы, либо он может распределять силы между узколичными интересами и делом, в котором реализует себя, либо направлять свою творческую энергию еще и на окружающих.

«Ориентированные на себя» вечно озабочены собственными нескончаемыми заботами и зачастую не видят за ними ни интересов дела, ни людей, которые их окружают. «Ориентированные на дело», в отличие от первых, люди более творческие, а значит, и успешные. «Ориентированные на взаимодействие» — это лидеры, обладающие так называемой харизмой.

Классификация — не более чем диагноз. Но нам необходим не только диагноз, но и лечение.

Перечислить все существующие методики и классификации личного роста, а тем более описать их у нас просто не хватит места. Да и стоит ли это делать?

Эта книга написана не для того, чтобы вы смогли удовлетворить свое любопытство, прочтя описания различных типов и подвергнув себя и своих знакомых изощренным тестам. Ее основная цель — дать вам подробное описание каждой ступени развития сознания, а также практические упражнения и навыки для движения к следующим ступеням. А ту ступень, на которой вы находитесь сейчас, вы сможете определить для себя сами по ходу прочтения второй части.

Чем отличается данная книга от перечисленных источников и пособий по развитию человека? Почему автор задался целью написать книгу именно по данной тематике, в то время когда книжный рынок давно уже наводнен всевозможной литературой по личному росту?

Главной проблемой ранее изданных трудов по личному росту, на мой взгляд, является то, что их можно отнести либо строго к *психологическому*, либо к *духовному* направлению. Если последние предназначены для людей, уже в основном прошедших *психологическую* фазу развития (пример — воин Кастанеды), то первые ограничивают рост человека верхним делением собственной психологической линейки (пример — «ориентированные на взаимодействие» в американской менеджерской концепции), за которой вроде как и не существует других степеней совершенства. Так, например, рецепту последовательного сверхличного роста от Ошо (секс — любовь — молитва — медитация) могут последовать лишь те, кто уже прошел стадию сексуальной раскрепощенности в ходе собственного психологического развития, — а ведь для человека с комплексами даже первая планка этой шкалы слишком высока. Согласно уже упоминавшемуся известному американскому психологу Эрику Эриксону, мудрость, приходящая к старости, является вершиной человеческих качеств и вне ее искать истины уже не следует, — но что делать тем, кто обрел эту мудрость значительно *раньше* и только начинает с нее свой путь?

ДВИЖЕНИЕ К УСПЕХУ, ПСИХОЛОГИЧЕСКИЙ РОСТ И ДУХОВНОЕ РАЗВИТИЕ

> Следует стремиться не к победе, а к битве. Природа сама рассудит, кто достоин победы; но если вы будете с природой — победа рано или поздно будет за вами.
>
> *Брюс Ли*

В океане бесконечно растущей информации о способах психологического и духовного развития личности крайне сложно выбрать то, что подходит именно тебе. К тому же данные об этих самых способах зачастую чрезмерно разделены и обособлены в различных источниках. Многие современные гуру смотрят свысока на потуги психологов открыть в развитии человека нечто принципиально новое, не зашифровывая это обилием заумных терминов и грандиозных концепций; академическая же наука мстит исследователям своего внутреннего мира полным игнорированием сверхчувственного опыта, накопленного на той или иной стадии индивидуального развития.

Книга, которую вы сейчас читаете, направлена на преодоление в вашем сознании пропасти между двумя типами *знаний о человеке* — знаний научных и знания духа.

Эта книга — мост. Она говорит и о психологическом, и о духовном.

Авторская концепция развития человека проста. Она отражает древнейшую формулу личного роста, дошедшую до нас с библейских времен: «*Возлюби ближнего своего, как самого себя*». Согласно этой известной всем формуле первая жизненная задача, которую человек должен решить, — научиться правильно относиться *к себе* и управлять *собой*, а также приносить *себе* пользу. Когда задача первого порядка в основном решена, он переходит к задаче второго порядка, пытаясь проделать то же самое *с другими*.

Необходимо достаточно многого достигнуть на пути психологического развития, для того чтобы количество перешло в качество. Иными словами, невозможно полностью перейти к росту духовному, имея серьезные психологические проблемы. Как невозможно заявить о неразрешимых психологических проблемах, находясь на высокой стадии духовного развития. И потому важно вначале завершить свой *психологический* рост, показателем которого станет количество радости и успехов в вашей жизни, возрастающее до тех пор, пока радость не станет вашим естественным, повседневным состоянием.

Психологическое и духовное развитие человека не обязательно будут отделены во времени друг от друга. Эти два пути личного развития совершенно неоправданно разделены и обособлены в современной литературе психологического и духовного толка. Они могут и должны происходить параллельно.

Идея единства психологического и духовного пути составляет центральную концепцию этой книги. Доказательством правомерности такого взгляда на личное развитие человека служит только одно слово: *Качества*.

Это понятие является общим для обоих направлений личного развития. Ведь человек с развитыми личными качествами может быть и духовен, и успешен одновременно.

Качества человека и есть тот универсальный инструмент, которым можно измерить любую фазу его личного развития. Именно поэтому концепция личного развития, изложенная в этой книге, опирается на развитие качеств человека.

Как мы увидим из следующей главы, задача по развитию своих личных качеств в современном мире достаточно сложна. Потому что в реализации этой задачи невозможно опереться на существующие в обществе механизмы традиционного образования.

Состояние образования в современном мире очень отличается от того, что существовало в древние времена, — и кое в чем далеко не в лучшую сторону.

НОВОЕ ОБРАЗОВАНИЕ ДЛЯ ЧЕЛОВЕКА УСПЕХА

> Неверно, что победители приходят первыми. Они побеждают еще до начала игры.
>
> *Боб Харрингтон*

В древности, обучаясь сапожному ли делу, рыцарскому ли мастерству, ученик, постоянно находившийся рядом с учителем, внимал не только словам Мастера, но и его делам, его стилю жизни, его поступкам. Все это приводило не только к усвоению определенного объема информации, но и к формированию определенных качеств ученика (например, Трудолюбия, Находчивости, и т. п.), которые и обеспечивали Мастерство.

Образование нашего времени распределилось между преподавателями и воспитателями. Информированием человека занимаются преподаватели — и делают это почти всю его сознательную жизнь, от детского садика до профессиональных семинаров и курсов переподготовки, которые мы посещаем едва ли не до пенсии. Развитием же *качеств* человека занимаются в основном его родители и воспитатели — и то только в раннем возрасте, причем делают это, большей частью, неправильно. Они называют этот процесс *воспитанием*, хотя ни по своей форме, ни по своему содержанию он не способен достичь тех целей, которые ставят перед собой воспитатели.

Сегодня слово «воспитание» применяется все реже и реже из-за того, что само его значение вобрало в себя слишком много насилия. Лев Толстой в свое время писал: *«Никакого воспитания не надо. Достаточно личного примера»*. С ним трудно поспорить. Хочешь, чтобы твой ребенок не курил, — не кури сам. Хочешь, чтобы он учился, — чаще ходи на различные курсы и читай книги. Хочешь, чтобы он молчал во время уроков, — построй занятие так, чтобы он мог говорить и двигаться столько же, сколько и ты. Никакие запреты и принуждения здесь не помогут — он все равно будет перенимать не то, что ты говоришь, а то, что ты делаешь, а если ты пожелаешь навязать ему образ жизни, который отличается от твоего, — он закроется от тебя еще больше, хотя ты можешь и не увидеть этого. Правда, это будет хорошо видно со стороны.

Сегодняшний мир стал слишком информатизирован. Преподавателя, отчитавшего свой предмет, сменяет новый — информация не успевает ни воплотиться в делах или поступках, ни привести к формированию умения или навыка, ни, тем более, сформировать у человека соответствующее качество. Недалек тот день, когда преподавателей конкретных дисциплин и вовсе заменят видеокурсами и общением по Интернету. Вот только что произойдет тогда с формированием качеств человека, с его развитием?

Перекос современного мира в сторону излишней информатизации вызывает кризис в существующей системе образования. Лавина информации, захлестнувшая студентов, школьников и преподавателей, почти вышла из-под контроля. Будущие специалисты уже сейчас подвержены перенапряжению и депрессии из-за колоссальных перегрузок, однако большая часть знаний, полученных ими в школах и институтах, при вступлении в реальную жизнь оказывается совершенно ненужной. Предприятиям нужны люди менее информированные, но с более развитыми качествами — и более приспособленные к реальной жизни.

О кризисе современной системы образования свидетельствует еще один факт. Сегодня множится число профессий, где на первое место выходят не дипломы выпускников, а наработанные в ходе собственного личного развития качества человека. И хотя, чтобы стать юристом или врачом, нужно по-прежнему обязательно и долго учиться, многие предприниматели, руководители и менеджеры продаж вообще обходятся без дипломов — и преуспевают при этом ничуть не хуже своих дипломированных коллег.

Кризис образования в современном мире можно было бы снять ответом на единственный вопрос: *Кто возьмет на себя развитие качеств человека?*

Судя по всему, пока еще бессмысленно ждать решения этой проблемы от государства и школы. Недаром во всех развитых странах успешного человека называют «сделавший себя сам». В этом определении нет места признанию заслуг общества.

Возможно, когда-нибудь в учебных заведениях будут сидеть не зависимые от директоров учебных заведений психологи, а представители общественности — нечто вроде приемной комиссии по «качеству» выпускников, которые будут смотреть не только на уровень их информированности, но и на человеческие качества, что и будет являться критерием оценки работы той или иной школы или вуза.

На сегодняшний же день к жизни готовы лишь те, кто самостоятельно и осознанно занимался своим развитием.

Ни в одном государстве ни одно учебное заведение не заинтересовано в реальном развитии личности, посколько любому государству выгодно, чтобы его подданным с детства прививали инстинкт управляемых, а сидящий у власти клан вовсе не заинтересован в приходе новых конкурентов.

Хотя у тех же развитых стран ответ на этот вопрос есть. Впрочем, система развития человеческих качеств у них отнюдь не государственная. Не помогут в этом деле и частные учебные заведения, перенявшие худшие свойства государственной системы обучения: принудительное посещение занятий, оценочно-экзаменационную систему проверки знаний, одинаковые требования к школьникам и студентам и практическое игнорирование их мнения о нужности, качестве и объеме читаемых им курсов. Что же тогда?

Пока единственной полноценной альтернативой «воспитательным» усилиям учебных заведений является частная платная или бесплатная общественная психологическая помощь. Сюда входят психологические тренинги и консультации, регулярно действующие группы, которые ведут психологи и психотерапевты, а также группы само- и взаимопомощи, службы и телефоны доверия. Словом, все то, что способно воздействовать на человека не с позиций авторитарных оценочных систем, довлеющих в традиционных, информационно-ориентированных схемах обучения, использующих принудительные меры воздействия и одинаковые для всех объемы и сроки, а с позиций пробуждения самосознания, исходящего из собственных, личных интересов самого человека. Впрочем, образование, ориентированное на развитие качеств человека, может быть только добровольным (хотя оно не менее важно, чем информационная его часть). Но те люди, которые уже успели осознать его исключительную важность для их будущего успеха и достаточно созрели для этого, готовы тратить на него свое время и свои деньги.

Проблема неразвитых стран, подобных странам СНГ, заключается в низкой психологической культуре населения, что можно объяснить отсутствием давних традиций консультирования и, как следствие, скудностью практической базы для развития отечественной психологической науки. И потому нишу институтов личного развития, не занятую психологами, у нас сегодня занимают гадалки, священники и целители, а динамичную жизненную активность европейцев и американцев — фаталистические представления о судьбе или карме.

Возможно, эта книга лишний раз привлечет внимание читателей к вопросам личного развития и формирование людей с развитым сознанием, которые будут способны изменить наше общество, дойдет, наконец, до критической массы.

Человек с фаталистическим видением мира мало способен прочувствовать значение таких феноменов, как Онассис, который из бедняка, не имевшего ни связей, ни денег, ни образования, стал одним из самых богатых людей мира; как болезненный ребенок Дзигаро Кано, ставший основателем борьбы дзю-до; как президент США Авраам Линкольн, занимавшийся в молодости самообразованием по ночам, поскольку его день посвящался низкооплачиваемой физической работе; Валерий Брумель, Валентин Дикуль, бросившие вызов болезням; богатейший человек планеты Билл Гейтс, создававший свое состояние с нуля. Да мало ли кто еще? *Эти люди стремились прежде всего к своему личному успеху — но мир после них уже не мог стать таким, как прежде.*

Итак, для движения к успеху следует прежде всего завершить свое жизненное образование, иначе говоря — развить свои качества. Как это сделать? Если в нашем близком окружении есть люди, достойные подражания, мы всегда можем учиться у них; если их нет, но мы способны сформулировать свою проблему и уже готовы заплатить за ее решение, мы можем попытаться найти помощь в среде психологов, тренеров или консультантов, профессионально занимающихся вопросами личного развития; наконец, если вокруг нас нет ни людей, способных помогать нам, ни денег, чтобы искать их, мы можем по крайней мере учиться через книги — покуда не проявится какая-либо из первых двух возможностей — ведь качествам возможно научиться большей частью через личное присутствие в своей жизни тех, кто уже выработал в себе то, что мы только еще стремимся получить.

Надеюсь, что эта книга окажет вам некоторую помощь независимо от того, какую форму обучения жизненным качествам вы избрали.

ТВОРЦЫ И РАБЫ УСПЕХА

> В жизни нет иного смысла, чем тот, который закладывает человек демонстрацией своей силы.
>
> *Эрих Фромм*

Прочтя эти строки, вы уже, наверное, поняли, что люди, достигшие жизненного успеха в общепринятом его понимании, обычно многого достигают и на пути своего личного развития — без этого их успех был бы попросту невозможен (по крайней мере, вначале). Однако мы часто склонны забывать об этом, глядя исключительно на внешние атрибуты их успешности и подпадая под гипноз повышенного внимания к ним со стороны средств массовой информации. Смотрящие с завистью или вожделением на чужую славу или чужие миллионы могли бы направить энергию своего сознания в позитивное русло, просто однажды разрешив себе поверить в то, что такие возможности не заказаны никому, а следовательно, осуществимы и для них.

Согласно статистике, из 400 самых богатых людей США, только 149 получили свое состояние полностью или частично в наследство — все прочие создавали его самостоятельно.

Двое из самых известных первых богачей планеты последних лет — Билл Гейтс и Аристотель Онассис, в довершение ко всему сказанному, не имели в начале своей карьеры ни законченного делового образования, ни деловых связей — все создавалось с нуля.

При любых правительствах, режимах, временах и обстоятельствах существовали как люди, достигающие успеха, так и люди, демонстрирующие свою полную несостоятельность при решении основных жизненных проблем.

Конечно же, иногда случается и так, что внешний успех несколько опережает создание необходимых для его дальнейшего развития качеств. В таком случае человеку важно осознать, что нынешнее положение дел — лишь аванс, и продолжать работать над своим личным развитием. К сожалению, чаще именно первые признаки успеха заставляют многих из нас поверить, будто процесс обучения жизненно необходимым качествам для нас уже позади. Так можно с размаху вляпаться в ловушку, которую для нас подготовили хорошо отрежиссированные Госпожой Удачей обстоятельства, — недаром же, согласно известной пословице, после испытания огнем и водой жизнь проводит нас через медные трубы, проверяя наше внутреннее соответствие тому уровню успешности, которого мы достигли.

В газетах писали о некоем английском рабочем, который выиграл в лотерею миллион фунтов стерлингов и через год умер. Несчастный умер от ожирения сердца, так как все дни после выигрыша лежал у телевизора на диване и пил пиво. Если бы не выигрыш, возможно, он был бы жив до сих пор.

Наверняка и мы можем вспомнить что-нибудь эдакое из современных ужасных историй, которыми изобилует пресса; там — убивают или сажают в тюрьму выходца из семьи вчерашних знаменитостей, тут — объявляют вне закона или обрекают на изгнание кого-либо из бывших сильных мира сего — вершителей судеб. Недаром говорят в народе: «Сколько веревочке ни виться...» В определенный момент люди, обладающие властью и богатством, разделяются на две абсолютно различных категории — но, будьте уверены, только одна из них доживет свой век спокойно и счастливо.

Оказавшиеся волею судьбы наверху обычно либо исключительно умны и талантливы, чему обязаны, как правило, выработанным ранее качествам (таких людей меньшинство, ибо, как известно, власть может испортить многих, кто с ней соприкасается), либо являются пеной самого худшего качества, вскипающей на волне нездорового ажиотажа толпы и лишь ждущей своего часа, чтобы проявить свои истинные, дремлющие под сенью благополучного имиджа радетеля о судьбах народа, качества — и, рано или поздно, получить по заслугам. Впрочем, за власть цепляются только люди с рабским сознанием — творцы же ищут в жизни прежде всего радостного применения своим способностям.

Известный на просторах бывшего СССР своими репортажами на темы природы, старейшина отечественной журналистики Василий Песков в интервью по случаю своего 70-летия признался, что неоднократно получал предложения возглавить в качестве главного редактора солидные советские журналы, однако каждый раз отказывался, предпочитая оставаться разъездным корреспондентом. Ему нравилось ездить по стране, узнавая ее природу и людей — и увлеченность этого человека не могла не отразиться на его работе. Репортажами Пескова зачитывалась вся страна.

Иногда человек находится на вершине успеха в общепринятом, внешнем его понимании, но внутри это уже не может его удовлетворять, ибо более не приносит ему радости. Возможно, именно поэтому президент России Борис Ельцин добровольно ушел в отставку. Возможно, именно поэтому Билл Гейтс оставил управление бизне-

сом своему другу, решив посвятить себя более творческой работе — написанию программ. Возможно, именно поэтому экс-император Римской империи Веспасиан, когда последователи домогались его возврата на престол, ответил им: «Если бы вы знали, какую я научился выращивать капусту, вы бы не приставали ко мне с этими глупостями».

С другой стороны, не обладай эти люди Качеством Творчества, они могли бы не стать теми, кем они стали.

Как видно, стабильный жизненный успех и преуспеяние возможно лишь при балансе внешних и внутренних факторов, необходимых для достижения успеха. Но начинаем мы, естественно, от изменения того, что наиболее нам доступно, то есть с нас самих.

Моя концепция Успеха тотальна — она включает в себя не только *обладание* тем, что мне представляется важным (например, влиянием, положением в обществе, финансовыми средствами), но и *радость, вызванную этим обладанием*, переживаемую ежеминутно и ежечасно, вплоть до того момента, когда ощущение радости становится настолько сильным, что обладание само по себе уже не имеет особого значения.

Таким образом, даже если вы родились в благополучной и богатой семье с неограниченными возможностями для образования и развития, это еще не означает, что вы достигли успеха. Ведь в этом случае вам предстоит еще выстроить свою радость в жизни — а она приходит лишь к тем, кто уже в достаточной степени развил свои качества.

Достигнутое вами с помощью своих качеств — заслуженно и останется с вами при любом стечении жизненных обстоятельств. Ведь достигнув этого однажды, вы будете способны, если понадобится, сделать это еще раз — хотя бы и с нуля.

Одна из клиенток, придя ко мне на психологическую консультацию, поведала историю своей любви. Будучи преуспевающей бизнесменшей, она познакомилась на отдыхе с таким же бизнесменом из одной южной республики и влюбилась в него. Когда, после многочисленных любовных встреч, они окончательно решили жить вместе, возникла, казалось бы, неразрешимая проблема — компаньоны по бизнесу, с которыми они начинали с нуля, не захотели выплачивать им причитающейся доли для выхода из него: «Или продолжайте работать с нами, или уходите голыми, как и пришли». Не видя возможностей для того, чтобы решить эту проблему без обид, и устав от свиданий между авиарейсами, они решили расстаться.

Однако через некоторое время возлюбленный появился в ее киевской квартире и сказал, что готов, если она захочет, остаться с ней. «А как же бизнес?» — спросила она его. «Подарил друзьям». — «И что же теперь будешь делать?» — «Создам все сначала. Главное-то я с собой увез», — сказал он, показывая на свою голову.

Через год, действительно, вновь созданная им фирма имела почти те же обороты, что и оставленная на родине.

Если вы владеете теми качествами, которые делают то, чем вы обладаете, действительно заслуженным, — вам не за что опасаться и не к лицу цепляться за прошлое, жертвуя собственным достоинством. Работа во всех жизненных ситуациях найдет вас сама, а деньги, слава и уважение придут следом за ней. Случайно полученное может быть отнято опять же через случай — но чего опасаться тому, кто уже обладает Качествами, необходимыми для Успеха? Творцы своей жизни и своего успеха знают, что главные сокровища находятся у них внутри. Именно Качества Творца устремляют его к строительству возможностей Будущего.

Когда Билла Гейтса спросили о секрете его успеха, он ответил: «Я увидел образ будущего и построил свою карьеру на том, что с ним связано». Примерно такой же ответ на похожий вопрос дал Арнольд Шварцнеггер: «Я просто опередил свое время».

Просветленный радостью творчества взгляд Творца видит первым то, чего еще не видит никто, и вкладывает усилия в невидимое для окружающих, — но когда оно становится видимым для всех, догнать его уже практически невозможно.

Однако вокруг нас по-прежнему существуют люди, измеряющие свою жизнь только категориями видимого, внешнего развития, и они готовы признать, что несовершенства существуют в их близких, в обществе, государстве, их подчиненных или начальниках — только не в них самих. Эти люди создают или поддерживают политические идеологии, занимаются экономикой, бизнесом, основывают или укрепляют религии, вводят законы, призванные повлиять на общественную нравственность, или же, не имея возможности это делать, критикуют всех тех, кто этим занимается, — словом, делают все, чтобы обвинить или изменить окружающее их общество — только бы не менять при этом самих себя.

Все войны, перевороты и революции всегда создавались именно этими людьми. Насилуя себя, такие люди обычно любой ценой стремятся к власти разного рода — если не над народами или бизнес-империями, то хотя бы над соседями или членами своих семей, ибо не знают иных инструментов воздействия на умы других.

Но для того чтобы изменить мир вокруг себя, следует понять, что вначале измениться должен ты сам.

Теперь мне представляется возможным разделить людей на два типа: тех, кто понимает значение развития личных качеств для своего дальнейшего успеха, и тех, кто, увы, этого еще не понимает или считает, что его развитие завершено и учиться ему больше нечему (не у кого). Сюда можно отнести также тех, кто слишком закрыт или амбициозен, чтобы искать помощи у других людей для разрешения своих проблем, — ведь в этом случае придется признать, что кто-то из них знает о жизни больше.

К успеху стремятся все, однако понимают его по-разному. Обычно те, кто не чувствует внутренних тонкостей и различий между людьми, чрезмерно фиксируются на внешних признаках успеха. Я называю таких людей Рабами Успеха. А те, кто уже готов работать над своими качествами для его достижения, следовательно, являются Творцами Успеха.

Вместо развития своих качеств, которые рано или поздно позволяют занять в жизни достойное место *по праву*, Рабы Успеха стремятся к власти тем сильнее, чем выше поднимаются по ступенькам карьеры. Поскольку несоответствие между личными качествами такого человека и положением, которое он занимает, требует все большей поддержки и прикрытия его такими же Рабами из числа тех, кто согласился его небезвыгодно для себя опекать.

Иногда стремящийся к успеху до поры до времени сочетает в себе оба типа. Однако важно не упустить тот момент жизни, когда они входят между собой в непримиримый антагонизм, и посметь, пока еще не поздно, пожертвовать рабской зависимостью, чтобы потом использовать свой шанс выстроить здание Успеха заново уже на иной, радостной основе.

Сценарий Успеха, к которому идут представители этих двух категорий человечества, весьма различен. В то время как Творцы Успеха, пройдя через определенную полосу трудностей и испытаний, необходимых для закалки их качеств, рано или поздно неизбежно достигают желаемого, не нарушая внутренней гармонии, и счастливо пользуются полученными внешними благами всю оставшуюся жизнь, Рабы Успеха резко поляризуются на две категории.

Первая сразу же сталкивается с трудностями, но не использует их для совершенствования своих качеств, предпочитая возлагать ответственность за поражение на окружающий мир. Такие люди быстро опускаются ниже среднего уровня. Возможно, Творцы пробудятся в них позднее при новых испытаниях, но уже с меньшими возможностями для построения будущего Успеха.

Вторая категория может, несмотря на неразвитые личные качества, достигнуть определенных внешних результатов, иногда весьма значительных. Такой незаслуженный успех чаще всего настигает тех, кто достиг высот во многом благодаря родительским связям или средствам либо знакомствам с кланом таких же зависимых от власти и денег людей, изо всех сил стремящихся не выпасть за пределы своего круга. Мы часто наблюдаем их лично, на экранах телевизоров или на страницах газет, в среде обладающих деньгами и властью. И у многих из них, как правило, наблюдаются признаки очевидного душевного нездоровья — шила в мешке не утаишь... Даже обычный человек, отслеживая по средствам массовой информации происходящее в коридорах власти, удивляется, откуда там так много явно психически больных людей и тех, кто попросту не способен прочувствовать абсурдности происходящего или хотя бы вовремя остановиться.

В любом случае тип Раба не достигает полного Успеха, в котором внешнее признание гармонично сочетается с внутренним ощущением радости жизни. Он либо не имеет ни одной из этих составляющих, либо, получив одну из них, платит за отсутствие другой слишком высокую цену. И потому я отношу Рабов Успеха к неуспешным людям.

КАЧЕСТВА ТВОРЦА И КАЧЕСТВА РАБА

> Наше время не испытывает дефицита идей — оно испытывает дефицит человеческих качеств.
>
> *С. Крымский*

Можно найти тысячу различий между качествами успешных и неуспешных людей. Я назову то отличие, которое, на мой взгляд, является самым существенным, — это разница в *мышлении*, которая и приводит к разным результатам на пути к успеху.

Не следует забывать, что современные системы семейного воспитания, образования, здравоохранения, а также управления государством и предприятием основаны именно на тех категориях мышления, которыми оперируют в повседневной жизни неуспешные люди.

Успешный же человек не играет по правилам общества, хотя, как и все остальные, он растет из него, на определенных жизненных этапах преодолевает трудности его притяжения и пользуется его благами. Еще раз вспомните о «человеке, который сделал себя сам» (т. е. отбросил ложные законы общества и научился жить по неписаным правилам успеха, к которым пришел самостоятельно).

Именно поэтому можно смело утверждать, что любой достигший успеха человек пользуется (или на каком-то этапе пользовался) совершенно отличными от большинства людей категориями мышления, независимо от того, формулировал ли он это теми же словами, что и я, или каким-либо иным образом.

Естественно, что Рабы и Творцы Успеха видят и представляют свой успех по-разному. Те критерии, которыми они его измеряют, выдают разницу в категориях мышления. Поэтому нет ничего удивительного в том, что у того, кто привык мыслить неуспешными категориями, качества по-настоящему успешного человека не будут развиты, а их собственный Успех окажется недолговечным и иллюзорным.

Для удобства сопоставительного анализа категорий мышления Творцов и Рабов Успеха давайте сведем их в одну таблицу.

В третий столбик я поместил *качество*, которое необходимо развить в себе тому, кто стремится стать Творцом Успеха.

Необходимо постоянно отслеживать и вычищать из своего сознания рабские категории мышления, двигаясь к их замещению на категории творческие. В противном случае придется смириться либо со своей неуспешностью, либо с положением раба, то есть в конечном итоге все равно остаться неуспешным.

Итак...

Категории мышления Раба Успеха	Категории мышления Творца Успеха	Качество, необходимое для движения к успеху
Общество	Я	Самосознание
Суждение	Действие	Оптимизм
Оценка	Самооценка	Дерзость
Стереотипы	Спонтанность	Находчивость
Целомудрие	Жизненная сила	Активность
Накопление	Вложение	Щедрость

СТУПЕНИ СОЗНАНИЯ

Категории мышления Раба Успеха	Категории мышления Творца Успеха	Качество, необходимое для движения к успеху
Удовольствие	Трудность	Трудолюбие
Правила	Жизненная территория	Независимость
Манипуляции	Радость общения	Открытость
Ум	Самочувствие	Самопознание
Подавление	Самовыражение	Искренность
Уход	Вызов	Внимательность
Зависимость	Радость	Жизнерадостность
Власть	Доверие	Умение любить
Прошлое	Настоящее	Целеустремленность

Каждая из последующих глав (которые далее я буду называть *Ступенями*) будет посвящена подробному описанию одного из перечисленных выше качеств успеха, а также приемов и навыков творческого мышления, с большим количеством примеров, способствующих изживанию категорий мышления рабского, препятствующего воспитанию нужного качества. В разделе «Практикум», в конце главы, вы найдете практические рекомендации по наработке качеств, и если вы будете скрупулезно следовать каждому из предписанных здесь упражнений, я гарантирую, что вы почувствуете дыхание успеха в своей жизни еще до того, как закончите читать эту книгу.

Каждая из этих глав будет являться Ступенью к обретению сознания Творца своего Успеха.

После того как вы прочтете следующую часть этой книги, наработка перечисленных мною качеств не будет казаться вам слишком сложной. Самая большая сложность — научиться каждый день, каждый час отслеживать категории мышления, которыми вы пользуетесь. Но как только привычка мыслить категориями

Раба изживет себя окончательно, вы обретете качество, необходимое для достижения жизненного успеха. Такой вид самонаблюдения называется *осознанностью*. Упражнения Практикумов помогут вам эту осознанность в себе развить.

Система личного роста, ориентированная на развитие человеческих качеств и описанная мной в этой книге, уже применялась на практике многими людьми, проходившими через консультативную и тренинговую работу со мной или президентом Центра развития человека «Мерла» Людмилой Литвиненко — моим учителем, соавтором и коллегой. Люди, опробовавшие эту систему на себе и находившиеся в постоянном контакте с нами, уже достигли той степени успешности, которая вначале казалась им недосягаемой, — многих из них я привожу в этой книге в качестве примеров (разумеется, не называя имен или изменяя их). Среди пришедших к нам были и простые люди, общавшиеся с нами в ходе благотворительных программ Центра «Мерла», и преуспевающие бизнесмены, и представители политической элиты страны, — система подходила всем, кто искал и чувствовал, что может найти в ней то, что ему нужно. Их качества, подобно мышцам на теле спортсмена, нарабатывались на ежедневных, вроде бы ничего не значащих мелочах и лишь затем проявлялись во всем своем великолепном блеске на гребне заслуженного и выношенного изнутри преуспеяния.

Описанные Ступени — всего лишь комплексный тренажер, на котором можно взрастить посредственного культуриста или будущего чемпиона. Его можно отполировать до блеска собственным потом и кожей ладоней, а можно подходить к нему лишь изредка, для удовлетворения собственного любопытства. Его можно усовершенствовать и приспособить под свои данные, но можно также поставить пылиться в угол и забыть о нем, отработав всего пару упражнений. Впрочем, даже в этом случае однажды проделанная нами работа даст свои результаты.

Инструкция для пользования «тренажером», который представляет собой вторая часть нашей книги, очень проста. Характер Творца Успеха состоит из пятнадцати уже перечисленных нами основных качеств — Мышц Успеха, развить каждую из которых помогут соответствующие упражнения. Возможно, кому-то они покажутся слишком простыми — но разве не с простой гантели начинали свой путь Власов и Жаботинский?

Никому еще не приходило в голову попытаться поднять рекордный вес или бросить вызов чемпиону мира без предварительных систематических и разумно составленных тренировок. Еще никто не брался решить передовую для современной науки задачу без длительной и всесторонней подготовки к предмету своих исследований. Однако, познав законы развития своего ума и материального тела, люди часто продолжают проявлять поразительное невежество во всем, что касается их собственной жизни.

Значение имеет не гантель, а желание и устремленность к цели, — и если таковые уже имеются, достаточно ощутить в руках их вес и начать выполнять соответствующие упражнения.

Очередная глава, или Ступень, — это переход к более тяжелому весу. Когда вы прочтете главу, посвященную очередному Качеству, и соотнесете ее с фактами собственной жизни, вы почувствуете, как увеличивается вес в ваших руках. Только не забывайте про выполнение Упражнений, которые собраны в Практикуме, следующем после каждой Ступени. Главное — не просто прочтение, а систематические, регулярные тренировки — ведь никто еще не стал чемпионом-атлетом, читая на диване книжки по атлетизму. А вы хотите стать чемпионом — Творцом своего Успеха? Тогда приступим.

НЕСКОЛЬКО РЕКОМЕНДАЦИЙ ПО РАБОТЕ С КНИГОЙ

Поскольку вторая часть этой книги является практической, я должен дать несколько рекомендаций, следуя которым вы сможете получить наибольший эффект от работы над собой после прочтения Ступеней и выполнения Практикумов.

Читайте не более одной Ступени за один раз.

Если книга легко воспринимается и возбуждает ваш интерес, можете прочесть ее «одним духом» — но в этом случае придется вернуться к чтению повторно для последующей практической работы и на этот раз все-таки последовать моей первой рекомендации — иначе вы не сможете следовать и всем остальным. Не отказывайте себе, если захочется перечитать любую из Ступеней еще раз, когда бы это желание у вас ни возникло.

Пытайтесь «прочувствовать» информацию, а не просто «заглотить» ее. Для этого максимально соотносите прочитанное с обстоятельствами вашей жизни. Старайтесь читать медленно, больше думать в перерывах между чтением. Информация, данная в этой книге, очень насыщенна и требует размышления. Если вы не будете следовать предыдущим рекомендациям, может наступить пресыщение информацией по личному развитию и ее отторжение.

Если, следуя первым двум рекомендациям, вы почувствовали, что прочтенная Ступень — уже пройденный вами этап, — переходите к чтению следующей, бегло выполнив упражнения Практикума, которые в этом случае будут иметь для вас скорее тестирующий, чем развивающий характер.

Если на какой-то Ступени или во время прочтения Практикума что-то вас задело — остановитесь на некоторое время на выполнении упражнений именно этого Практикума данной Ступени.

Не переходите к чтению следующей Ступени, пока не повторите описанные в текущем Практикуме упражнения хотя бы 3—5 раз в течение нескольких дней. Иногда для достижения результата может потребоваться неделя или даже месяц.

Если в ходе работы с текущим Практикумом вы почувствовали затруднения, — это может быть возникновение дискомфорта или эмоциональной нестабильности, — повторяйте упражнения из предыдущих Практикумов.

Если, несмотря на выполнение всех рекомендаций, ваши ощущения не меняются, обратитесь к психологу или психотерапевту. Это можно сделать также в том случае, если у вас не хватает терпения или времени выполнять упражнения данной книги регулярно, — с психологом вы в любом случае достигнете результатов гораздо быстрее. Если у вас нет возможности обратиться к психологу, позвоните по телефону доверия.

Ступень первая
СЛОЖИ СВОЮ ЦЕНУ

Современная мысль по-прежнему держится старой формулы, согласно которой у сознания нет ступеней... Но фактом является наличие у сознания видимых и наблюдаемых ступеней — конечно же, видимых и наблюдаемых у себя самого.

П. Успенский

Есть только один путь к успеху — провести свою жизнь по-своему.

Нейл Ауриччио

Великие — хотят; все остальные только хотят хотеть.

Гёте

ДЕВИЗ СТУПЕНИ

Не заботься об	Думай чаще о	Развивай в себе качество
обществе — оно проживет и без тебя	*том, чего ты хочешь*	*самосознания*

Первое правило движения к успеху, одновременно необходимое нам для формирования качества самосознания, звучит так: *«В первую очередь думай о том, чего хочешь ты сам, и лишь затем о том, чего хотят от тебя другие».*

Сложить себе цену — означает понять, чего ты стоишь в жизни. Еще до того, как цена человека складывается из его успехов, он слагает себе ее сам из желания этих успехов достичь. Но достигнуть великих целей невозможно, не научившись уважать свои малые потребности.

Наши исполненные и воплощенные в жизнь желания — мышцы наших Качеств. Однако прежде чем человек подходит к главным целям своей жизни, он наращивает эти мышцы на желаниях менее масштабных, подобно будущему чемпиону, который начинает путь к толчку 100-килограммовой штанги, упражняясь с килограммовыми гантелями.

Могут ли рассчитывать на удовлетворение своих главных жизненных целей те, кто ежедневно уступает окружающим в своих малых желаниях? Если вчера ты постеснялся провести время с приятным тебе человеком, сегодня пожалел денег на вещь, которая тебе нравится, а завтра, опасаясь расстроить домашних, не пошел туда, куда хотел пойти, сможешь ли ты когда-нибудь рассчитывать на радостную работу, растущий доход, нормальные взаимоотношения с окружающими тебя людьми? Вряд ли, ибо твоя цена в этом случае даже не достигает стоимости понравившейся тебе вещи, удовольствия от общения с интересным собеседником, нескольких часов радости в кругу друзей. Причем сложил себе эту цену ты сам.

Абсурдно мечтать об успехе, если в своей повседневной жизни мы не разрешаем себе делать того, чего мы хотим, по мелочам или сопровождаем это бесконечным враньем или оправданиями, — в этом случае наша цена не вырастет, пока мы не научимся добиваться своего — для начала хотя бы в мелочах. Ведь наши желания как раз и составляют основное содержание нашей жизни. Если мы подчиним свою жизнь исполнению желаний других людей, она потеряет для нас всякий смысл.

Немецкий философ Шопенгауэр стал знаменит во многом благодаря фразе: «Человек существует, когда выбирает себя».

Итак, чтобы начать движение к успеху, необходимо выбрать себя — свое счастье, свою цель, свое видение мира. Единственно ценное жизненное правило — всегда делай то, что ты хочешь. Если оно понято вами правильно, оно заменит все остальные — вы сформулируете их попозже сами. Все остальные главы — лишь уточнения и предостережения против неправильной трактовки этого правила.

Делать то, что ты хочешь, не означает не делать хорошего для других людей. Однако оно призывает делать это хорошее тогда, когда этого хочешь ты, а не они.

В жизни слову «хочешь» часто противопоставляют слово «должен». Только начни думать о том, кому и что ты должен, — и для «хочу» в твоей жизни уже не останется места. Тогда в длинную очередь к тебе выстроятся родители, супруги, дети, любовники, государство, мораль, религия и разорвут твою жизнь на части.

Однако такая опасность подстерегает только тех, кто неправильно понимает слово «должен». На самом деле каждый из нас *должен не другим, а себе*. При таком понимании «хочу» и «должен» не вызывают внутреннего конфликта. Тот, кто твердо осознал, чего ему нужно от жизни, уже не мечется от одного поверхностного и капризного «хочу» к другому, он просто становится *должен себе*.

В этом смысле я полностью согласен с древним девизом самураев, который наша массовая культура почему-то приписывает Никите Михалкову: *«Делай что должен — и будь что будет»*. Этот девиз хорошо отражает Качество Самосознания.

Итак, *самосознательным* можно считать лишь того человека, который каждую минуту понимает, чего *он* хочет, и думает над тем, как этого достичь. Различия же в самосознании, как и в масштабе человеческой личности, определяются лишь величиной желаний, готовностью чем-то жертвовать ради их исполнения и величиной временного отрезка, в ходе которого мы готовы идти от момента, в котором желание было задумано, к моменту его окончательной реализации.

Сложить себе цену — означает понять очень простую и очень важную для нашего дальнейшего роста истину. Эта истина заключается в том, что счастливое или несчастливое течение нашей жизни определяется нашими желаниями, — ведь все, что было сделано, до этого было задумано, а все лучшее, что с нами до сегодняшнего момента произошло, когда-то было не более чем мечтой.

Иначе говоря, чтобы в нашей жизни что-то произошло — нужно очень сильно этого захотеть и принять свое желание. Принимать же свои желания способен лишь тот, кто смог принять и полюбить самого себя.

Давным-давно мои американские друзья, у которых я оказался в гостях почти без гроша в кармане, пригласили меня в ресторан. Будучи вегетарианцами, они сделали очень скромный заказ (в ресторане был совсем небольшой ассортимент вегетарианских блюд) и ожидали, пока я сделаю свой. Я долго не мог решиться. Порция филе окуня, которую я облюбовал, стоила вдвое дороже их совместного обеда! Но ничто другое почему-то меня не прельщало.

Увидев мое замешательство, они спросили меня о проблемах. Преодолев свое стеснение, я спросил, на какую сумму они рассчитывают, и объяснил им свою трудность. Выслушав меня, они посоветовали заказать то, что мне нравится. «Ты этого стоишь, — сказала, глядя мне в глаза, Джаней. — Запомни эту фразу, она — волшебная».

Эту фразу я запомнил и убеждался в ее волшебстве достаточно большой отрезок собственной жизни (необходимость повторять ее себе хотя бы раз в день отпала совсем недавно). С тех пор, если я чего-то хотел, но начинал сомневаться в том, заслуживаю ли я этого или могу ли я этого добиться, то говорил себе эту фразу сам. Сомнения отпадали сразу же, а ум, освободившись от тревог, начинал работать исключительно в конструктивном русле, анализируя и сопоставляя возможные пути для достижения желаемой цели. Возможно, эта волшебная фраза поможет и кому-то из моих читателей.

Конечно же, человек, идущий по пути собственных желаний, покажется многим эгоистом. Для стремящегося перерасти свое окружение такое развитие событий неизбежно, но это не должно останавливать его, если он хочет преодолеть привычку быть управляемым не своими стремлениями, а желаниями других людей. Ему следует осознать, что явление осуждения временно и изживает себя, как только его личное внутреннее развитие как Творца вызовет закономерный внешний успех и позволит достичь общественно значимых результатов. Как говорят в народе, победителей не судят.

Мой приятель, некогда знакомый по работе на телефоне доверия «Мерла», работал в качестве инженера в одной из малооплачиваемых государственных организаций и параллельно искал себе более денежную работу.

Ему удалось быстро найти ее — квалификация позволила успешно пройти собеседование, и на следующий день он вышел на работу в качестве начальника технического отдела в престижной компании, где он должен был получать зарплату в десять раз большую прежней.

Проработав один день, он вернулся на прежнюю работу. Я спросил его о причине.

«Понимаешь, — ответил он мне, — в условиях, в которых мне предложили трудиться, мне придется разлюбить либо себя, либо сослуживцев, либо то, что я делаю. Видишь ли, в момент, когда босс спросил меня об окончательном решении, я почувствовал, что не смогу там работать, хотя и питал до этого такие иллюзии».

«А как же деньги?» — спросил я.

«Пока не голодаю — можно потерпеть. И потом, я же не собираюсь оставаться здесь всю жизнь — буду искать лучшие варианты. Думаю, что я стою большего».

Сейчас он заместитель директора преуспевающей иностранной компании.

Цена, которую сложил себе мой приятель, заключалась не просто в хорошей работе — он хотел делать хорошую работу за хорошую зарплату и в окружении хороших людей. Понимание того, что он хочет от жизни, и готовность идти ради этого на определенные жертвы (ждать, терпеть, обходиться малым) и подтолкнули его к осознанному отказу от «предложения, от которого невозможно отказаться». В дальнейшем это помогло ему достойно завершить начатую карьеру. Однако все могло бы сложиться иначе, если бы на первое место в его сознании вышли не собственные цели, а, скажем, желания его семьи или идеалы простого среднестатистического представителя общества, вечно озабоченного нехваткой денег и принимающего каждый шанс их получить как последний.

К сожалению, мне знакомы и многочисленные обратные примеры, когда человек изо дня в день расходует свои душевные силы и поступается развитием качества самосознания, впадая во все большую зависимость от людей или льгот, от которых не смог вовремя отказаться. Ведь для того, чтобы прервать свою зависимость, ему пришлось бы вначале поверить в то, что в будущем он сможет вновь обрести все утраченные преимущества в других обстоятельствах, более радостных и с большим потенциалом успеха. Боясь потерять в мелочах, упускают многое. А итог почти всегда одинаков: психическое, а затем и физическое вырождение (недаром говорят в народе: «инфаркт — болезнь руководителя») либо потеря работы — но уже в тот момент, когда ни сил, ни качеств, чтобы найти ей достойную замену или создать нечто новое, уже нет.

Итак, движение к успеху начинается с принятия основных желаний — проявлений нашего «Я». Человек закомплексованный никогда не сможет мыслить и говорить, а тем более действовать, опираясь на свои желания. Его удел — безропотно (или огрызаясь) исполнять требования других и обижаться на них за то, что они не догадываются о его потребностях или не желают их обслуживать. Однако, давая себе право делать то, что мы хотим, нам придется и принять ответственность за то, что именно мы должны воплотить это в жизнь, — и тогда для обид на близких, правительство или судьбу места уже не останется, потому что мы начнем действовать.

Принимая себя такими, какие мы есть, мы обнаруживаем, что наши желания очень индивидуальны — «того же, что и у всех» хотят, как правило, лишь очень ограниченные люди. Остапу Бендеру для счастья был необходим миллион, а Шуре Балаганову — шесть тысяч с копейками. Кому-то для самоуважения и полноты радости жизни необходим дом, а кто-то обойдется и квартирой; кто-то должен обязательно иметь свое дело, а кому-то достаточно найти не очень денежную, но спокойную работу, — но при этом скромный работник (или работница) может захотеть от жизни, например, еженедельного уединения на выходные на безлюдном острове для рыбной ловли — потому что обычная жизнь «как у всех» его уже не будет устраивать. И это совсем неплохо, что мы такие разные, — ведь именно наши желания и определяют нашу индивидуальность. Иными словами, *успех — это мы сами, но уже после того, как мы успели познать, принять и полюбить себя, а также что-нибудь для себя сделать.*

Не стесняясь Качества Самосознания, Творцы Успеха не стесняются говорить от его имени: «я считаю», «я хочу», «я слушаю», «я предлагаю». Они не стесняются брать на себя инициативу в решении заинтересовавших их вопросов и не боятся принимать на себя ответственность за любой исход дела.

Мы не привыкли делать то, что хотим мы. Мы не привыкли даже думать об этом или считаем себя слишком слабыми, чтобы этого добиваться. Мы слишком внушаемы по отношению к тому, что говорят политические власти, церковные авторитеты, научные бонзы, наши друзья и члены наших семей. Это происходит из-за того, что 90% нашего детского опыта мы разучивались говорить и мыслить категориями наших собственных желаний, со всех сторон наталкиваясь на всевозможные «надо», «должен» и «нельзя».

Для большинства людей, живущих в современном обществе, язык по-прежнему имеет кодирующее, магическое значение, ибо он зачастую подменяет реальность их собственных чувств, ценностей и стремлений стереотипами общества, к которому они принадлежат. Именно для этих целей в языке существуют такие слова, как *долг, надо, вина, стыд, совесть, правила приличия, так принято, от тебя ждут, мораль, религиозные заповеди, общественное мнение* и т. д.

Эти слова как будто специально созданы для того, чтобы в завуалированном виде вводить в наше сознание коды, открывающие для других возможности управлять нами, отрицая наши собственные желания и стремления.

Упомянутым словам Творцы Успеха обычно противопоставляют уже знакомые нам «я» и «хочу», употребление которых в «приличном» обществе считается чуть ли не святотатством. Но кто мешает нам хотя бы *мыслить* этими единственно реальными *для нас* позитивными категориями?

На своих тренингах и лекциях я часто говорю о том, что во внутренней реальности человека слово «должен» избыточно — вполне достаточно слова «хочу». Этот тезис подтверждают и последние лингвистические исследования, утверждающие, что в языках отдельных малых народностей (кажется, в их число попали индейцы и некоторые народы Севера) слова, отображающие идеи стыда и долга, отсутствуют.

Первая категория мышления, которой нам надлежит научиться пользоваться, — это право отличаться. Здравый смысл человека, живущего «по правилам», — это своеобразная страховочная сетка, которая не дает упасть ниже определенного уровня, но и не позволяет подняться выше. Почувствуйте хотя бы на минуту (хотя бы только на ту самую минуту, в которую вы будете принимать решение), что вы *мудрее* своих близких и дальних, знакомых и малознакомых вам людей какой-то собственной мудростью. А теперь поставьте себе задачу избавиться от навязчивой необходимости объяснять им важные решения своей жизни — это все равно что растолковывать первокласснику тонкости ядерной физики. Впрочем, эта мера необходима лишь для того, чтобы сделать первый шаг. Но только не надо ждать быстрых результатов. Помимо желания запаситесь терпением.

Самая короткая консультация в моей практике произошла с девушкой, когда-то прилежно конспектировавшей мои лекции и, по ее собственному признанию, много взявшей от них. Мой кредит доверия был настолько высок, что она пришла ко мне на прием с единственным вопросом, от решения которого полностью зависело ее будущее.

«Сейчас я работаю в небольшой, но процветающей семейной фирме, — сказала она. — Работа прекрасно оплачивается, отношения хорошие. Но я не удовлетворена».

«Чего же вам хочется?» — поинтересовался я.

«Я хочу делать кино». И, видя мой недоуменный взгляд, добавила: «Нет, это не сиюминутная блажь — я давно об этом мечтала; и если когда-нибудь в своей жизни я и добьюсь крупного успеха, то только здесь, потому что я люблю это. Просто раньше не было возможности этим заниматься, а сегодня уже есть деньги на учебу — по крайней мере, на первое время. И вот теперь я все время думаю — а если это мираж? А если я брошу свою прекрасную, хорошо оплачиваемую работу и не найду ничего лучшего? Ведь потом я буду жалеть. И тогда меня уж точно никто не поймет — даже сейчас мне не с кем поговорить об этом».

Мы помолчали. Девушка ждала ответа, но его не было. И тогда она снова заговорила сама:

«Но и работать спокойно я уже тоже не могу. Как вселилась эта мысль — всякий интерес к нынешней жизни пропал... Может быть, вы что-то скажете?»

«Зачем что-то говорить? Вы уже все решили».

Я натолкнулся на ее недоуменный взгляд и счел нужным пояснить:

«Если этот вопрос для вас настолько значим, что для его решения вы готовы заплатить за консультацию свой двухдневный заработок, то считайте, что он уже решен. Ответ уже присутствует внутри вас, просто вы пока еще не успели туда заглянуть. Ваш приход сюда — не более чем попытка переложить на меня ответственность».

Ее глаза недоуменно округлились, и за короткий период времени мне пришлось разглядеть в них целую гамму чувств — от недоумения и растерянности до радости окончательно осознанного решения.

После минутной паузы она рассмеялась: «Я так и знала! Спасибо! Вы не представляете, что вы для меня сделали!»

Все, что я для нее сделал, — это побыл с ней рядом, принимая и видя ее такой, какая она есть, не заталкивая ее в схему готовых стереотипных решений, за счет которых наши близкие часто пытаются поддержать свой авторитет и влияние. Атмосфера полного приятия и поощрения просто помогла проявиться в ней в ускоренном темпе тому, что и так уже было заложено изначально.

И тем не менее ей было за что сказать мне спасибо, поскольку до визита ко мне она лишалась этой атмосферы взаимопонимания именно в те минуты, когда ей это было особенно необходимо.

Когда готовое решение уже сидит внутри нас, нам просто следует иметь мужество, чтобы сказать ему «да». Путь успеха — это жизнеутверждающее мышление. Иногда такое мышление еще называют успешным или позитивным. Все остальные качества, необходимые для успеха, просто вытекают из нашего самосознания и нашей веры в себя, мир и свое будущее.

И потому качество, которое мы рассмотрим в следующей Ступени, — это Качество Оптимизма, или умение *Мыслить положительно*.

А пока потренируемся с первым качеством.

Практикум 1
СОЗНАЮ СЕБЯ

Все упражнения настоящего и последующих практикумов, за исключением предусматривающих общение, выполняются в одиночестве, при полном сосредоточении, исходное положение — комфортная и расслабленная поза. Место, в котором вы будете заниматься, должно быть максимально удалено от тех, кто может прервать упражнение, помешать его выполнению или смутить своим присутствием естественность ваших проявлений.

Упражнение 1

Сядьте прямо. Расслабьтесь. Закройте глаза. Проанализируйте свой день. Спросите себя, как часто вы говорили себе «нельзя», «не получится», «некрасиво», «будут неприятности». Отследите моменты на протяжении дня, когда вы плохо себя чувствовали, и попытайтесь это связать с отсутствием чего-то, что было необходимо вам для хорошего самочувствия в тот момент или ранее. Спросите себя, делали ли вы что-то для того, чтобы добиться или получить желаемое, и чье желание в этот момент оказалось сильнее — ваше или желание вашего окружения.

Упражнение 2

Станьте перед зеркалом и посмотрите на себя. Чего вам недостает в жизни? Хорошей фигуры, модной одежды, ослепительной улыбки, здорового цвета лица? Скажите громко «Я хочу» и прибавьте сюда то, что вы хотели бы в данный момент получить от жизни, и повторяйте до тех пор, пока слова не станут привычными, а голос — уверенным.

Упражнение 3

Это повторение предыдущего упражнения, но с партнером. Попросите вашего знакомого, члена семьи или друга, которому вы доверяете и которого считаете более психологически устойчивым, оказать вам поддержку. Для выполнения этого упражнения подойдет и платный психолог либо добросовестный волонтер телефона доверия. Проговаривайте ему или ей в течение пяти минут все, чего вы хотите от жизни, не давая чувству стеснительности прервать выражение ваших желаний или подавить их. Его же (ее) задача в ходе выполнения вами этого упражнения сводится к тому, чтобы оставаться нейтрально молчаливым и доброжелательным слушателем, не осуждающим, не критикующим и не поддерживающим ваши желания, какими бы абсурдными или безнравственными они ни казались.

Упражнение 4

Составьте список ваших желаний в двух экземплярах. Расположите желания из первого списка по своей значимости, а из второго — по времени, которое нужно потратить на их достижение, таким образом, чтобы вверху первого списка оказались самые значимые, а вверху второго — выполнимые в ближайшее время желания. Если какие-то из них оказались в верхней части обоих списков, выпишите их отдельно и примите как руководство к действию. Затем составьте план для достижения каждого из желаний третьего списка и поставьте себе задачу сделать первый шаг к их исполнению уже сегодня. Если на каком-то из шагов по выполнению этого упражнения возникнут трудности, вернитесь к выполнению упражнения 1. Сохраните список — он понадобится вам для выполнения упражнений последующих практикумов.

Качества, обратные самосознанию, — застенчивость, стеснительность и стыдливость, выдаваемые иногда за скромность и сдержанность. Различие между теми и другими — исключительно в нашем внутреннем самочувствии, ибо внешне они часто проявляются одинаково. Если вы уже ощутили в себе потребность в переключении сознания с ограничений внешнего мира на импульсы вашего внутреннего развития, продолжайте практиковать эти упражнения до тех пор, пока не почувствуете желание что-то поменять в своей жизни — именно с этого желания начинался путь к успеху всех великих людей.

Ступень вторая
МЫСЛИ ПОЛОЖИТЕЛЬНО

> Запомните, счастье не зависит от того, что вы делаете или кем вы стали. Оно зависит исключительно от того, как вы думаете.
>
> *Дейл Карнеги*
>
> Жизнь человека — прямое следствие его мыслей.
>
> *Будда*

ДЕВИЗ СТУПЕНИ

Не заботься о	Думай чаще о	Развивай в себе качество
суждениях — любое суждение останавливает тебя в развитии, ибо все относительно. Суждение — проявление негативизма	*действиях — любое, даже ложное движение к исполнению твоих желаний принесет тебе по меньшей мере бесценный опыт*	*оптимизма*

Надеюсь, вы уже научились хотеть? Как говорят в народе, «хотеть не вредно». Только вот не каждому дано реализовать свои желания.

Еще до того, как мы предпримем какие-то действия на пути к своему желанию, мы должны будем о нем подумать. И даже если мы уже мысленно проиграли свой первый шаг, то есть поставили свое желание над всем остальным и захотели что-либо предпринять для его реализации, 90% наших желаний останутся не более чем фантазиями. Потому что многим из нас для того, чтобы сделать этот самый первый шаг, не хватает самой малости: *импульса, исходящего от Качества Оптимизма.*

То, что одни называют оптимизмом, а другие позитивным отношением к жизни, является разными гранями одного простого, древнего и очень емкого понятия — веры. Действовать, веря в лучшее будущее, и означает нарабатывать Качество Оптимизма. Думать о хорошем и верить в него — единственная гарантия от всех жизненных неурядиц. Если вы еще не привыкли к мысли о том, что ваши желания нормальны, правильны (для вас) и выполнимы, вас будет слишком легко сбить с толку тем, кто обладает Качеством Оптимизма еще в меньшей степени, чем вы.

Вспомним: все наши неприятности начинались с того момента, когда мы не способны были или по каким-либо причинам переставали *оптимистично* думать о том, что мы собирались или хотели сделать.

Один мой знакомый, отставной подполковник Службы безопасности Украины, рассказал следующую историю.

«Ухожу я на пенсию, прохожу обследование в госпитале. Захожу в кабинет гастроэнтеролога: „На что жалуетесь?" — „Ни на что не жалуюсь, я здоров. Подпишите мне справку, и я пойду". — „Постойте, вы ведь в последний раз у нас обследуетесь. Вдруг там болячка какая-нибудь, а вы не знаете? Давайте прозондируемся". — „Не нужно мне это, подпишите справку, и я пойду". — „А жалеть потом не будете?

Береженого Бог бережет. А зонд у нас хороший, японский".

Подумал я, вдруг они правы, — и проглотил зонд. А медсестра, когда его вынимала, мне пищевод оцарапала. Теперь мучаюсь изжогой, лекарства пью, но больше всего переживаю — ну чего я глотать его полез?! Сделал бы то, что хотел, — до сих пор здоров был бы. Чего я об этих болезнях подумал...»

Ни для кого не секрет, что на свете существуют люди как оптимистичной, так и пессимистичной направленности. Их основное различие проявляется в направлении мышления. У оптимистов оно положительное, то есть оценивающее все с положительной стороны. У пессимистов, соответственно, отрицательное или негативное. Оно притягивает к себе и выдает из себя, естественно, такую же негативную информацию.

Негативное мышление свойственно большинству людей. Существует шутка, согласно которой «пессимист — это хорошо информированный оптимист». Вообще, шуток об оптимистах очень много. Это объясняется тем, что большинство людей — пессимисты.

Попробуйте провести эксперимент (его придумал не я). Скажите своим знакомым, что у вас для них две новости — одна ужасная, очень отвратительная и неприятная. Другая — прекрасная, светлая и воодушевляющая. Спросите их, какую бы они предпочли услышать первой.

Некий вождь собрал живущее на отрезанном от цивилизации острове племя и сказал ему:

«У меня для вас две новости — хорошая и плохая. Какую из них вы предпочли бы услышать первой?»

«Плохую», — сказало племя.

«Еда на острове кончилась. Будем есть дерьмо».

«А в чем же тогда хорошая?»

«Ну, дерьма-то у нас — завались».

Когда мне впервые рассказали этот анекдот, я задумался: а что сказал бы вождь своим соплеменникам, если бы они попросили его начать с *хорошей* новости?

Судя по всему, вождь был хорошим психологом — он прекрасно понимал человеческую натуру. Человеческая же натура в большинстве своем такова, что ее интересует прежде всего все страшное, неприятное и отрицательное, поскольку оно эксплуатирует заложенное в большинстве людей стремление к *суждению*, а не к *действию,* — а от ленивого суждения к агрессивному *осуждению* только один шаг.

Патентованные толкователи Библии за две тысячи лет как-то незаметно заставили нас воспринимать сентенцию «не судите, да не судимы будете» как призыв воздерживаться от осуждения, однако речь идет именно о суждении, которое предшествует осуждению! Прежде чем мы осудим кого-либо или что-либо в нашей жизни, мы должны вначале вообразить, будто лучше, чем кто бы то ни было, знаем о том, что такое хорошо и что такое плохо. *Не нужно не только осуждать, но и судить. Никто не знает, куда нас выведет жизнь через период видимых неприятностей или неудач.*

Различие между оптимистичным, позитивным и пессимистичным, негативным мышлением гораздо глубже, чем просто в полярности оценок происходящего. Оно заключается еще и в умении предпринимать что-либо для своего успеха.

Возможно, на таких мелочах, как привычка интересоваться негативной информацией и поглощать ее, не стоило бы останавливаться, если бы не одна важная деталь — качество входящей и исходящей из человека информации порождает его отношение к жизни, а отношение к жизни порождает жизненную позицию. У оптимистов жизненная позиция активна, потому что они верят, что их усилия не пропадут даром и хоть что-нибудь (хотя и не всегда то, чего они хотят изначально!) им принесут. Пессимисты же, не верящие в изменения к лучшему, как правило, пассивны. Доказать это очень просто.

> Идет лекция. Я читаю студентам авторский курс «Психология успеха». После вводного слова я задаю вопрос: «Кто из вас не поднимет лежащий на улице доллар, зная, что хозяин за ним не вернется?» Никто не поднимает руку. «Следовательно, — заключаю я, — для большинства из вас доллар в секунду — хороший заработок».
>
> «Теперь я предлагаю вам сделку, в результате которой вы получите в подарок тот же самый доллар, при этом вам не придется даже нагнуться за ним. Достаточно будет поднять руку. Итак, эквивалент настоящего американского доллара, который я держу в своей руке, я предлагаю вам всего за одно поднятие руки. После того как вы его выкупите, никаких других обязательств передо мной вы иметь не будете. Если есть желающие — поднимите руку!»

Эксперимент с долларом я вычитал в книге Маккея «Как уцелеть среди акул». Как правило, большинство людей доллар взять не решаются и лишь наиболее смелые тянут руку. После того как доллар достается тому, кто первый отреагировал на мой призыв, я начинаю выспрашивать у людей о мотивах их поступков: «Раз эта сделка оказалась такой выгодной, почему вы не поднимали руки?» Ответы, как правило, сводятся к следующему: постеснялся выделиться; не хотел ваши деньги отбирать; думал — обманете, разыграете либо сделаете жертвой какого-либо психологического эксперимента. Ответы же активного меньшинства обычно звучат примерно так: хотел заработать, интересно было поучаствовать, выгодная сделка, хотел помочь завершить эксперимент. Получив ответы, я обобщаю их следующим образом.

Стеснительные думают о том, что их соседи не хотят, чтобы они поднимали руку; они подозревают, что я тоже этого не хочу, поскольку на самом деле боюсь лишиться денег. Иногда они думают, что я хочу высмеять их, обмануть, либо сделать жертвой психологического эксперимента. Однако во всех случаях они в первую очередь думают о том, что окажутся плохими (жадными, корыстными) в моих глазах или (смешными, выскочками) в глазах соседей. Они мыслят категориями суждения, а не действия — и потому обречены думать о том, чего хотят другие люди, а не они сами.

Активные поднимают руку, потому что хотят получить доллар, поучаствовать в эксперименте, получить новый опыт либо удовлетворить свой интерес. Следовательно, эти люди демонстрируют позитивное отношение к своим желаниям.

Только что один из активных заслуженно получил доллар. А все те, кто поднимал руку, уже способны просто разрешить себе начать заниматься тем, о чем уже давно мечтали. Возможно, кое-кто из пассивных сейчас завидует вам, думая: «На его месте мог бы быть и я». Но они ошибаются! Ведь между людьми, достигающими жизненного успеха и лишь мечтающими о нем, дистанция остается всегда одной и той же — это разница в величине их собственного позитивного устремления.

Иными словами, любой тест на позитивное мышление заключается в том, чтобы заставить способных к нему людей вначале спросить себя: «А почему бы и нет?» — вместо того, чтобы подумать о том, что это невозможно, или о том, что ему за это будет.

Негативное же мышление повсеместно проявляет себя как укоренившаяся у большинства людей привычка к сплетням, пересудам и всеядному поглощению телевизионно-газетной продукции, львиная доля которой весьма низкого качества. Сформированные системой образования, нацеленной на бездумное поглощение информации, которая забывается сразу же после экзаменов, эти люди продолжают так же бездумно пожирать ее в любых формах на протяжении всей оставшейся жизни, не заботясь ни о качестве, ни о том, каким образом она может быть полезна для них в будущем. Люди с укоренившимся негативным мышлением не способны к строительству собственного успеха, ибо информация, которую они поглощают, не переходит на уровень действия — заядлый болельщик не использует время для укрепления своих мышц, играя в футбол, а смотрящая с завистью любовные истории домохозяйка вряд ли посмеет завести себе любовника. Все, что поглощаемая информация способна в них заложить, — это способность вынести какое-либо суждение о ней, например: «хорошо» или «плохо». *Негативное мышление как раз и формирует способность к суждению, не развивая никаких иных качеств.*

Возможно, именно поэтому большинство пессимистов — заядлые телеманы и сплетники.

Чтобы убедиться в повсеместно укоренившейся привычке к суждениям, достаточно открыть самые читаемые газеты и посмотреть на вынесенные на первые страницы цитаты и заголовки, особенно в канун политических событий, — средства массовой информации уже давно научились использовать наши внутренние страхи и бездумное любопытство — ведь подобное притягивает подобное.

Высказывая свои претензии к современным масс-медиа, многие часто жалуются на потоки чернухи и чрезмерную детализацию при описании трагических событий. Однако сами эти жалобы как раз и являются лучшим доказательством того, что и читают, и смотрят.

В Соединенных Штатах как-то была создана радиостанция, вещавшая только хорошие новости. Однако она достаточно быстро прогорела — ее никто не хотел слушать.

Василий Песков, знаменитый своими репортажами о природе в «Комсомольской правде», признавался, что не имеет дома телевизора и не собирается его заводить. По его мнению, те 20% позитивной и содержательной информации, которые можно было бы почерпнуть из познавательных передач или документальных фильмов, не могут перевесить времени, потраченного на отсев прочей телевизионной чепухи.

Антиподом негативного мышления, ориентированного на «информированность» и «способность к оценке», выступает мышление позитивное, ориентированное на немедленное действие, исходящее из представления о ценности времени, которое может быть использовано для развития конкретных человеческих качеств. Когда мы начинаем мыслить положительно, мы тут же продумываем практические шаги по воплощению наших мыслей в действительность. Так укрепляется Качество Оптимизма.

Из первой главы мы уже знаем, что следование своим желаниям без стеснения и боязни упреков — прекрасное качество. Но это качество ценно лишь при условии, что наше мироощущение является оптимистичным, а наши желания — позитивными хотя бы для нас самих. Невозможно прийти к долговременному, стабильному и безопасному успеху, основываясь на желании убивать и грабить. Невозможно прожить всю жизнь спокойно и счастливо, постоянно обманывая других. Невозможно считать позитивным желание саморазрушения — будь то разрушение своего тела через употребление наркотиков, алкоголя и сигарет; своих взаимоотношений через бесконечные претензии и упреки либо своего времени через бесплодное поглощение вчерашних новостей или пустую болтовню в кругу знакомых. Оптимист знает, что успех неизбежно придет к нему, и не пойдет ради него на преступление, унижения или насильственную демонстрацию своей власти.

Понять принцип положительного мышления и наложить его на правило «делать, что хочешь» очень просто. Предположим, некто причинил вам зло и вы хотите отомстить. Впрочем, вы понимаете, что по большому счету, даже убив его, вы не сможете вернуть потерянное или украденное им, — тем более жалко тратить время на подобные мысли. В этом случае можно более рационально использовать время вашей жизни и энергию вашего сознания, пробудив у себя позитивное желание вновь обрести или заново заработать утерянное. А оптимистичное отношение к жизни не позволит вам слишком долго застревать на этом негативном опыте и быстро подтолкнет вас к новым шагам для достижения своего успеха.

Другой пример. Вы переживаете по поводу утраты и ругаете себя либо тех, кто в ней повинен. Однако позитивная направленность в этом случае скорее проявилась бы в скорейшем умении проанализировать ошибки, чтобы не повторять их и поскорее вновь взяться за дело. Рано или поздно вы все равно к этому придете, однако, если не оставите привычку мыслить негативно, вы потеряете много времени и душевных сил и впредь будете терять еще больше.

Исходя из сказанного, первое правило успеха можно расширить за счет второго: *«Всегда думай о том, чего ты хочешь, — но только если знаешь, что твое желание принесет тебе пользу. А также умей видеть пользу во всем, что происходит на пути реализации твоего желания».*

Итак, первым признаком Качества Оптимизма, вытекающего из позитивного мышления, является готовность к конструктивному действию. Вторым, не менее важным признаком является ориентированность на себя и реальные обстоятельства своей жизни. Третьим признаком можно считать динамичность, которая проявляется в немедленном воплощении своих мыслей в жизнь, если, конечно, для этого имеются практические возможности.

В отличие от положительно мыслящих оптимистов, негативно ориентированное сознание предпочитает мыслить категорией суждения, чаще всего перерастающего в осуждение других. Свойственную носителям негативного сознания страсть к осуждению легко объяснить, ибо негативизм, не имеющий выхода, скапливается внутри и причиняет боль — вот почему большинство людей, зараженных вирусом негативизма, почти всегда имеют повышенный интерес к событиям чужой жизни.

Вероятно, именно это качество — страсть к осуждению — удовлетворяют марафонские телесериалы.

Успешные люди жалеют времени на поиск ответа на вопрос «Кто виноват?», предпочитая отвечать на вопрос «Что делать?» К сожалению, не они определяют настроение окружающего нас большинства. Но как изрек в свое время кто-то из мудрых: «Среднее — не значит нормальное».

Когда-то я прочел замечательную китайскую притчу о силе оптимистичного настроя и позитивного мышления. Эта притча учит действовать, опираясь на свои силы, не поддаваясь оценкам со стороны и не меняя положительного отношения к событиям собственной жизни, то есть уже знакомому нам Качеству Оптимизма.

Однажды к старику, жившему бедно в некой деревне, прибежал неопознанный белый конь. И все соседи тут же закричали: «Как тебе повезло! Еще вчера ты был нищим, а сегодня уже богач!»

«При чем здесь богатство, — сказал старик, — просто вчера я собирал колоски, а сегодня мне нужно учиться объезжать лошадей».

На следующий день конь сбежал от старика, выбив копытом стенку сарая.

«Бедный человек! — закричали соседи. — Мы знали, что богатство не принесет тебе счастья, — теперь ты остался в убытке!»

«Не о счастье думаю, — отвечал им старик. — Просто вчера я после работы объезжал коня, а сегодня должен чинить сарай».

На следующий день конь вернулся и привел с собой табун белых лошадей.

«О, небо! — закричали соседи. — Ты смилостивилось над несчастным!»

«Не вижу никакой милости, — сказал старик. — Просто вчера я был крестьянином, а сегодня мне следует учиться коневодству».

На следующий день сын старика, объезжая одну из лошадей, упал и сломал ногу.

«Это богатство с самого начала было подозрительным!» — заявили соседи.

«Не в этом дело, — отвечал старик. — Просто вчера мы работали вдвоем, а сегодня я все должен сделать один».

На следующий день началась война и всех молодых и здоровых мужчин забрали в армию.

Нам остается только представить себе, что ожидало бы старика, убивающего свое время на бесплодные сетования по ушедшим возможностям.

Негативное мышление всегда есть проявление пессимистичного отношения к жизни. Мы не можем сказать об этом тем, кто его демонстрирует, ибо они редко признаются в своем пессимизме, называя его «реализмом». Однако мы можем определить негативно мыслящих пессимистов по их привычке судить и оценивать себя, мир и других людей — чаще всего отрицательно. Однажды дав оценку событиям своей жизни, пессимист в дальнейшем все чаще фиксируется на ней, забывая о том, что жизнь ежесекундно течет, рождая новые возможности и уничтожая неиспользованные. Мыслящий категориями суждения всегда упускает из виду — то, что могло быть сделано, уже не возвращается.

Ложное наблюдение пессимистов (а мы уже знаем, что они составляют большинство людей, ибо большинство не приспособлено для успеха) гласит: «*Беда не приходит одна*». *Однако это сказано теми, чья особенность мыслить сама по себе привлекает новые беды. Как сказал Питер Лоуренс: «У оптимистов сбываются мечты. У пессимистов — кошмары».*

Позитивное же мышление оптимиста во всем находит положительную сторону и, исходя из этого, составляет план действий начиная с настоящего момента. И тогда жизнь и все события в ней на каком-то этапе неизбежно приобретают определенный смысл.

Нам не составит особого труда вспомнить любой период нашей жизни, в котором нас постигло разочарование. Однако мы также сможем увидеть закономерность: на почве неудачи возникает новый, успешный период, который был создан нашими усилиями благодаря мобилизованным возможностям. Таким образом, связь нынешнего успеха с предыдущим поражением будет весьма очевидна.

Однако верно и обратное: тот, кто зациклился на прошлых неудачах и привык считать себя проигравшим, уже не сможет переломить хода событий в свою пользу — и тогда поражение станет вечным, внося новизну в жизнь проигравших только глубиной новых поражений. Судящий себя, жизнь или других людей за прошедшие события уже упустил свой шанс — и продолжает усугублять свое положение, не пытаясь развить в себе Качество Оптимизма.

По мнению известного психолога Эрика Берна, полноценна лишь жизненная установка тех людей, кото-

рые способны оценить позитивно себя, других людей и мир вокруг них. Если негативизм закрался хотя бы в одну из составляющих, вскоре оказываются больны все три. Та же мысль в известном цикле книг Сергея Лазарева «Диагностика кармы» звучит примерно так: следует преодолеть обиды на себя, на жизнь и на других людей. В любом случае для начала следует освободить от негативизма свое «Я» и его первое проявление — наши желания.

Позитивное отношение к нашим желаниям вовсе не означает, что мы должны добиваться их выполнения любой ценой, — ведь когда мы достигаем цели, она, как правило, уже не привлекает нас так, как раньше, а то и вовсе уступает место новому желанию. Однако из этого вовсе не вытекает, что не нужно желать достижений и двигаться к выполнению своего желания, а тем более осуждать его! Наоборот, достоинство любой крупной цели как раз и заключается в том, что она дает толчок нашему движению, ускоряя личное развитие и помогая выработке необходимых для успеха качеств.

Возможно, именно по этому поводу даосы говорили: «Цель — ничто. Движение — всё».

По прошествии некоторого времени мы почти всегда замечаем, что любое желание, даже то, которое не реализовалось в чистом виде, не было бессмысленным, если мы потрудились над первоначальными условиями его претворения в действительность, — ведь некогда оно подтолкнуло нас двигаться в том направлении, которое затем оказалось для нас важным. Но дальнейшее движение для любого из нас становится возможным только тогда, когда мы смотрим на события прошлой жизни через Качество Оптимизма, то есть меняем негативное отношение к прошлому на позитивное, заложив тем самым правильное основание для движения в будущее.

Женщина, пришедшая на консультацию, долго жаловалась на жизнь и любовника, который сманил ее в столицу из провинциального городка, уведя ее от бывшего супруга вместе с детьми, а затем бросив ее без средств к существованию. Однако она вовсе не спешила обратно в провинцию, где ее ожидал свой дом и поддержка родственников.

«Скажите, а вам нравится жить в Киеве?» — спросил я ее.

«Конечно! Тут жизнь не в пример ярче — в нашем городке годами ничего не происходит».

«А вы бы посмели когда-либо переехать сюда, если бы не ваш друг?»

Женщина задумалась. По ходу нашей дальнейшей беседы она пришла к выводу, что все равно должна быть благодарна обстоятельствам своей жизни за то, что оказалась в Киеве, — не представляя себе жизни в этом городе раньше, она бы никогда не поверила, что сегодня она будет изыскивать возможности остаться в нем любой ценой. Кроме этого, выяснилось, что у нее оплачена квартира, которую ей снял бросивший ее любовник, на несколько месяцев вперед и есть сбережения, на которые можно жить во время поиска работы.

Сегодня она нашла себе работу, сама платит за квартиру и одна воспитывает детей. Более того, она благодарна человеку, бросившему ее, за то, что он смог подтолкнуть ее к смене места жительства, а затем побудить доказать себе, что она способна сама растить детей и при этом зарабатывать себе на жизнь.

Эта женщина смогла стать тем, кем она стала, лишь преодолев притяжение внутреннего негативизма, побуждающего ее снова и снова возвращаться к ковырянию старых ран вместо того, чтобы спешить строить свое будущее.

Негативизм как бы привязывает человека к прошлому неудачному опыту, исподволь программируя его: «В следующий раз ты будешь еще слабее». Вкладывая часть энергии своего сознания в негативные переживания по поводу прошлых событий, человек оказывается лишенным этой энергии в настоящем, где она необходима для тотального участия в новой жизненной ситуации. Нелишне будет напомнить такому человеку о важности настоящего момента — в прошлое следует уходить лишь затем, чтобы, пережив и заново проанализировав его, стать сильнее; но если уровень нашего сознания еще не позволяет подняться нам до осознания ценности прошлого урока — не нужно на нем застревать, покуда мы не можем увидеть позитивный смысл происшедшего. Как говорила героиня одного популярного женского романа: «Об этом я лучше подумаю завтра».

Знакомая, пришедшая к моей жене поделиться своими невзгодами, долго жаловалась на бывшую подругу — риэлтора Аллочку, которая оказалась нечестной в бизнесе и продала им заложенную банку квартиру. Лишенные жилья и денег, они с мужем кинулись в милицию. К счастью, удалось заставить мошенницу вернуть им деньги.

Через некоторое время та же знакомая жаловалась уже мне на своего мужа, отношения с которым совсем испортились. В запальчивости она сказала: «Его как подменили — каждый день все ему не так, и такая я, и сякая. А когда мы без жилья и денег остались и не знали, где завтра жить будем, совсем другой был — ласковый, нежный, хоть к ране прикладывай!»

«Спасибо Аллочке, что показала тебе его с этой стороны», — отпарировал я.

Возникла тягостная пауза, в ходе которой знакомая хмурилась, не зная, как отреагировать на мои слова.

Наконец она сказала: «Я поняла, что ты хотел сказать. Да, наверное, несчастья потому и необходимы нам, что сплачивают людей. Кстати, ведь и я часто высказываю ему претензии — а может, начинать надо было с того, чтобы вынести из наших трудностей это ощущение сплоченности? Пожалуй, я не должна его судить слишком строго — он просто издергался за тот период, и я постараюсь впредь быть более терпимой к его выходкам».

Первое же позитивное допущение повернуло ее мысли совсем в другое русло.

Конечно, привычка к осуждению как наиболее агрессивной форме суждения лежит глубоко, и мы не сможем ее одолеть сразу.

Очень часто привычка осуждать бьет по нам самим, являясь в самом болезненном своем проявлении. Помня об этом, не следует увлекаться чрезмерным самоуничижением за ошибочное действие — лучше подумать о том, как исправить положение. А если исправить уже невозможно, всегда можно найти в происшедшем позитивные стороны, ведь в каждой ошибке есть, как минимум, одна позитивная составляющая — это наш опыт, из которого следует, что для достижения желаемой цели был избран неверный путь. Другая составляющая не такая заметная, но не менее важная: ошибка указывает на то, что мы еще не обладаем достаточными качествами, чтобы вместить новую, желаемую для нас возможность, — и нам следует использовать время, чтобы эти качества в себе нарабатывать — возможно, сначала на мелочах и без ожидаемого вознаграждения. Третья составляющая — это прекрасная возможность доказать себе, что ты продолжаешь любить себя и принимать себя таким, какой ты есть, несмотря на неудачи, пусть даже и понимая, что нуждаешься в самосовершенствовании. И тогда, даже если в результате твоей ошибки от тебя отвернулся весь мир или самые дорогие тебе люди, ты все равно останешься в мире с собой.

Если мы находим все три составляющие в не использованной нами возможности, мы превращаем поражение в победу.

Такая позиция позволяет сжечь негативизм на огне позитивного мышления, являющегося основным проявлением Качества Оптимизма.

Итак, давайте подытожим, что есть позитивное мышление и каковы возможные его проявления.

Любое позитивное мышление ориентировано на самосознательное действие и не будет парализовано страхом перед ошибкой или осуждением окружающих.

Любое позитивное мышление направлено в первую очередь на цель и на конкретные попытки движения к ней, а не на препятствия, оправдывающие невозможность ее достижения.

Любое позитивное мышление начинается с поисков ответов на вопросы: кто я, куда и зачем иду и какие средства на моем пути могут быть мне *полезны*?

Позитивное мышление всегда ищет позитивную составляющую в любом опыте, при любом стечении обстоятельств и в любом человеческом поступке — даже у самого потерянного человека всегда можно найти, чему поучиться.

Однако главной основой позитивного мышления, как мы уже знаем, является позитивное отношение к своему «Я» (смотри первую Ступень) и ко всему, что из него исходит, — мыслям, ценностям, желаниям, стремлениям и опыту. Иначе говоря, *основа позитивного мышления заключается в умении делать то, что мы хотим, позитивно относясь при этом к себе и к событиям своей жизни, то есть любя.*

Только заложив основу позитивного мышления, мы сможем практиковать оптимистичное отношение к своему будущему, к миру и к людям вокруг нас. И только когда все слагаемые нашего мироощущения станут позитивными, мы сможем свидетельствовать о зарождении Качества Оптимизма. И тогда мы все реже и реже будем попадать в ситуации, где нами управляют или манипулируют другие люди, а также созданные ими стереотипы.

Попавшая ко мне на консультацию женщина перебывала у многих специалистов, но не нашла поддержки ни у кого из них — она как бы «придавливала» их своими рассказами, возбуждая уже их собственные страхи и побуждая их поскорее избавиться от неприятного собеседника. И на самом деле там было чего испугаться: ее оставил муж, затем к нему от нее переехали дети, по сфабрикованному с помощью лжесвидетелей делу эту женщину посадили в тюрьму, где сокамерники били ее, вынуждая подписать составленную на имя следователя доверенность на квартиру. Доверенность она подписала и чудом вышла на свободу после назначенного ей условного наказания, благодаря нанятому мужем («от него-то я никак не ожидала такого благородства!») адвокату. Но теперь она боялась возможности физического устранения или нового процесса. «Да, вам действительно есть из-за чего жаловаться на жизнь», — слышала она ото всех, кому пересказывала свою историю.

Правда, по ходу беседы со мной выяснилась и ее собственная роль в том, что с ней происходило: как оказалось, после разъезда с детьми она буквально возненавидела мужа и на каждом углу рассказывала, какой он плохой и как ей тяжело живется сейчас одной. Информация попала к заинтересованным лицам...

Я начал работу с ней с фразы: «Хорошо, что все ошибки вашей жизни случились сейчас — теперь вам есть чему на них научиться. Я помогу вам проанализировать их так, чтобы этого больше никогда с вами не случилось». Женщина тут же расплакалась, а выплакавшись, сказала, что эти слова значили для нее гораздо больше, чем все попытки поддержать ее, которые она слышала за последнее время от других людей. После чего я поработал с ее страхами и навязчивыми верованиями в то, что она неудачница, показывая ей связь между тем, что с ней происходило, и ее отношением к событиям недавней жизни. К концу консультации нам удалось найти позитив даже в происках следователя: благодаря ему она поняла, что бывший муж не оставит ее в беде и что бояться ей, по существу, нечего, — ведь подобные дела фабрикуют лишь против тех, за кого некому заступиться. А чтобы не искушать жизнь своими вечными жалобами, необходимо знать и о ее второй, темной стороне и не считать, что тебе так уж плохо сейчас живется, — всегда бывает и хуже.

Если, прочтя эти строки, вы прочувствовали, что наше собственное отношение к жизни для вас значительно важнее того, что могут подумать о ее событиях окружающие, то первые два качества, необходимые успешному человеку, вы уже получили.

Не нужно никого осуждать, не нужно никому жаловаться, не нужно искать сплетен для тренировки своей способности в оценке — что толку от того, что, прочтя, услышав или пережив нечто, мы сможем сказать: «ужасно» или «восхитительно»? Критерий мышления Творца Успеха: «Нужно ли мне это?» или: «Как я смогу это в своей жизни применить и что из этого сделать?» Стремясь к успеху, мы входим в окружающий мир с багажом позитивной оценки себя, наших собственных стремлений и интересов, а также с правом выбора того, что в этом мире достойно приложения нашего труда и усилий. Только опираясь на позитивную основу, можно в кратчайшие сроки погасить программу ошибок и неудач и вступить на тропу видимой фазы успеха, — в противном случае, жизненная «школа страданий» может затянуться до старости.

Мой пример позитивного отношения к жизни — Людмила Литвиненко. Начиная разбор какой-либо неприятной ситуации с постоянным, хорошо знающим ее клиентом, она почти всегда предваряет его словами: «Посмотри, как хорошо, что это с тобой произошло». И действительно, вскоре ей удается показать ему ситуацию уже совсем с другой точки зрения — ее сознание, развитое многолетней практикой позитивного мышления, способно разглядеть тончайшие признаки успеха, часто скрывающиеся под маской временной неудачи или видимого поражения.

Для меня же, как хорошо знающего ее человека, важно то, что это правило она полностью применяет и в своей жизни. Когда она говорит о чем-либо, чего бы она хотела, это звучит так: «Скорее всего, так и будет». И действительно, вскоре начинают происходить события, свидетельствующие о правильности такого утверждения.

С некоторых пор я взял себе за правило говорить то же самое, и со мной стало происходить нечто невероятное — мечты начали сбываться! Книга, которую я хотел написать много лет и которую вы сейчас держите в руках, является тому подтверждением. Однако когда я говорю вам, что я хотел ее написать, это вовсе не означает, что я писал ее! Просто на протяжении многих лет за мыслью о моем желании следовала другая мысль, объясняющая мне, почему у меня это не получится, почему это не имеет никакого смысла или почему ее не издадут, после чего я брал в руки газету, набирал номер телефона кого-нибудь из своих знакомых или включал телевизор. В один прекрасный день я сказал этой второй мысли: «Стоп!», после чего развил свое желание словами: «Я хочу написать эту книгу, и она будет написана и издана». Вслед за этим три года назад я включил компьютер и напечатал первую строчку.

Конечно, когда вы, руководствуясь своими позитивными желаниями и верой в то, что они сбудутся, начинаете движение к своему лучшему будущему, против вас могут восстать те, кто привык расточать свою жизнь на бесполезные или *общепринятые* занятия и вовлекать в них окружающих, чтобы притупить ощущение внутреннего дискомфорта от частичного осознания собственной неполноценности. Но этого не нужно бояться, потому что следующее качество, которое мы выработаем в себе, — это Качество Дерзости. *Быть дерзким означает — разрешать себе иногда бывать плохим, для начала хотя бы для тех, кто уже доказал свою неспособность разделять наш осознанный выбор, образ жизни или наши взгляды.*

Но прежде давайте потренируемся в наработке уже знакомого нам Качества Оптимизма.

Практикум 2
ФОРМИРОВАНИЕ ПОЗИТИВНОЙ НАПРАВЛЕННОСТИ

Упражнение 1

Просмотрите события дня. Обратите внимание на его неприятные моменты. Попытайтесь найти в происшедшем нечто для себя положительное. Затем подумайте, как бы вы смогли применить полученную через личный опыт информацию на практике. Например, потеряв время в безрезультатном или неприятном для себя разговоре с человеком, от которого вам что-то было нужно, можно прийти к выводу, что: а) «это не настолько мне нужно, чтобы заставлять себя и дальше иметь с ним дело»; б) «следует попробовать поискать к нему другой подход»; в) «следует найти другого человека или другую возможность для решения моей проблемы». Затем, сделав выводы, можно планировать или предпринимать дальнейшие шаги.

Упражнение 2

Поймав себя на том, что рука тянется к пульту телевизора или к газете, спросите себя: «Что я хочу от этого получить?» Найдя ответ, разрешите себе чтение или просмотр передачи — или откажитесь от этого в пользу иного занятия.

Упражнение 3

Участвуя в длительном разговоре об отсутствующих в данный момент третьих лицах, спросите себя: «Будет ли полученная в ходе этого разговора информация для меня полезна или она просто удовлетворит мое любопытство?» Придя к выводу, что разговор вам не нужен, найдите в себе силы прервать его под необидным, но весомым для собеседника предлогом или направьте в нужное для себя русло.

Упражнение 4

Вспомните о самом в данную минуту неприятном для вас человеке. Попытайтесь найти в нем качества, которым вы бы могли у него поучиться.

Негативизм, вечное брюзжание и недовольство жизнью, которые часто совмещаются с навязчивым стремлением поучать других или с уступчивостью в важных для себя вопросах, — это следствие неумения строить свою судьбу в русле позитивного мышления.

Если вы многим недовольны и не чувствуете в себе сил что-то изменить, следует практиковать эти упражнения хотя бы до появления более оптимистичного жизненного настроя; затем можно на время прекратить их и возобновить позднее в случае нового приступа раздражительности или депрессии.

Ступень третья
НАУЧИСЬ БЫТЬ ПЛОХИМ

> Не надо отчаиваться. Не нужно больше впадать в привычное убожество своего окружения.
>
> *Ричард Харрисон*
>
> Жизнь — как путь к вершине. Чем выше, тем холоднее и больше риска.
>
> *Фридрих Ницше*
>
> Лучше быть твердым внутри и мягким снаружи, чем твердым снаружи и мягким внутри.
>
> *Лао-Цзы*

ДЕВИЗ СТУПЕНИ

Не заботься об	Думай чаще о	Развивай в себе качество
оценках твоих действий окружающими — они редко хотят понять их мотивы	*самооценке*	*дерзости (не путать с наглостью!)*

Быть дерзким означает не стесняться быть плохим, когда это необходимо.

Делая то, что мы хотим, мы либо остаемся для окружающих хорошими, либо становимся плохими. Позволять себе делать то, что нравится, пока ты для всех хорош, умеют все. Однако большинство из нас отступают от намеченных целей, как только окружающие начинают объявлять нас плохими. Именно поэтому умеющий быть плохим ближе к своему успеху настолько же, насколько человек с двумя руками имеет больше шансов в борьбе против однорукого. И тем не менее многие из живущих на Земле людей так до сих пор и не научились быть *дерзкими*. Причиной этого являются страхи, главный из которых называется страхом одиночества.

С детства, если ребенок не слушается, мать пугает его одиночеством: «Уйду от тебя». Всевозможные воспитатели и доброхоты со школьной скамьи внушают ему: «Если ты не будешь хорошим, тебя никто не будет любить». Страх оценки, маскирующий, существующий с древних времен страх перед одиночеством препятствует нам самостоятельно оценивать собственные поступки и формировать необходимое для преуспеяния Качество Дерзости.

Когда-то самым страшным наказанием для человека являлось изгнание, что было равнозначно смерти. За время существования тысяч поколений людей этот страх въелся в нас почти на генетическом уровне, поэтому изжить его теперь можно только непрерывным систематическим усилием собственного сознания.

Не склонные к такому усилию, потому что боятся утратить благосклонность окружающих и оказаться вне своей семьи, привычного круга друзей или *клана*, рискуют остановиться в своем личном развитии.

В одной старинной притче рассказывалось о короле, чье королевство сошло с ума, выпив воды из заколдованного колодца. Естественно, народ тут же прибежал к дворцу и стал кричать, что король не имеет больше права им править, потому что он сумасшедший.

«Что мне делать?» — спросил король у своего министра.

«Я знаю только один способ остаться с народом и сохранить влияние на него, ваше величество, — ответил министр. — Следует выпить воды из того же источника».

Король выпил той же воды и, пританцовывая, вышел к народу совершенно голым — и лишь тогда народ закричал: «Да здравствует король! Он снова здоров!»

Подобно королю из притчи, многие из нас готовы присоединиться к всеобщему сумасшествию, лишь бы не показаться другим плохими или не остаться в одиночестве.

Мир может сходить с ума, но почему мы должны сходить с ума вместе с ним?

Говоря о Качестве Дерзости, я подразумеваю умение быть плохим, оставаясь при этом для себя хорошим (ведь не будем же мы делать то, что мы и сами понимаем как плохое!). А плохими для других мы становимся всякий раз, когда позволяем себе чем-то отличаться от окружающего нас большинства. В этом свете можно расширить первые две максимы успеха следующим образом: *«Не бойся делать то, что ты хочешь, и если ты знаешь сам, что твое желание позитивно, — не стесняйся быть при этом плохим для других».*

Для правильного понимания этого правила следует помнить, что быть плохим вовсе не означает становиться агрессивным. Скорее наоборот, оставаясь спокойным, но позитивным и следующим по пути своих желаний несмотря ни на что, вы, скорее, сами вызовете на себя агрессию окружающих.

На самом же деле, между возможностью быть дерзким и быть агрессивным существует обратная зависимость. Чем менее мы способны стать плохими, тем больше мы поддаемся давлению окружающих и тем более становимся агрессивными, стремясь при первом удобном случае выплеснуть на них свою злость, возникшую из-за подавления наших желаний. И наоборот, как только мы позволяем себе стать плохими, в агрессивности уже нет нужды. В этом и заключается смысл изречения Лао-Цзы, вынесенного в эпиграф: тот, кто тверд снаружи, — агрессивен, но управляем; тот, кто тверд внутри, — не проявляет агрессии, но всегда делает то, что он хочет, какую бы реакцию окружающих людей это ни вызывало.

Я провожу тренинг для группы личного роста Центра «Мерла». Слово берет девушка:

«Мой отец всю жизнь пил, никогда не платил матери алиментов. Неожиданно он умер. Оказалось, что перед его смертью сестры уговорили его приватизировать квартиру и помогли оформить приватизацию, в расчете на то, что им удастся продать его трехкомнатную (все равно ж пропьет!) и поделить деньги, а его поселить в гостинку. Фактически они поделили квартиру еще при его жизни — мы никогда не имели на нее виды с мамой, это была совершенно другая семья. Сейчас по закону я имею на нее единоличное право — отец был прописан там один, а я наследница первой очереди. А по совести... Вот тут и запутаться впору. С одной стороны, они вложили в приватизацию силы, деньги, уговорили его... Конечно, сейчас они вынуждены со мной считаться — пришли и говорят: «Не подавай на наследство, мы продадим квартиру и тебе дадим пару тысяч». А я (так давно мечтала жить отдельно от родителей!) возьми да и заикнись: «Мне нужны не пара тысяч, а деньги на однокомнатную». И отнесла заявление в нотариальную контору. Тут такое началось! У одной из них шестеро детей — так я и такая, и сякая, с жиру бешусь... Мама тоже боится скандалов, говорит — отдай. Что делать?»

«Решать, конечно, тебе, — отвечаю я. — Жизнь устроила так, что права на эту квартиру достались тебе, хотя ты на нее и не рассчитывала. Смотри, ведь ты действительно хотела поделиться со своими родственниками деньгами, продав квартиру и отдав им часть денег за вычетом стоимости однокомнатной. Но о н и не захотели этого! Фактически, вся ситуация как бы подсказывает тебе: не торопись заявлять, что ты обойдешься одной комнатой, подумай еще...»

«Но мне не нужна трехкомнатная...»

«Сегодня — нет. А если завтра — муж, дети? Будешь грызть себя и говорить: чего я такая глупая была, могла бы сейчас жить в трехкомнатной квартире!»

«Но мне перед родными неудобно...»

«Послушай, для начала определись, чего ты стоишь. Жизнь дала тебе выбор, и сейчас ты можешь сама сложить себе цену. Эта цена может равняться паре тысяч долларов или отдельному жилью в виде однокомнатной квартиры — а может быть, и трехкомнатной. Решать — тебе. Пойми, в том, что квартира не досталась твоим теткам, — высшая справедливость, твоей вины в этом нет. И их упреки в твой адрес совершенно неправомерны — ведь не из желания же поделиться с тобой затевали они эту канитель! Сейчас-то можно говорить все что угодно...

Так или иначе, теперь ты сама решаешь, какую часть этого дара оставить себе, а какую отдать им. Заслуживают ли они того, что ты собираешься им дать? Хочешь ли ты это для них сделать? Однако, прежде чем дать себе ответ на эти вопросы, пойми: этот дар не будет предлагаться тебе вечно, если ты все время будешь повторять, что обойдешься малым».

«А как же скандалы?»

«Трудность всегда соразмерна цели. Поставь перед собой цель, ради которой скандалы не будут страшны. И потом, если бы не скандалы — тебе самой было бы неудобно не поделиться с ними, ведь действительно — ходили, оформляли».

Глаза девушки заблестели.

«Это верно, — сказала она после минутного молчания. — Когда я думала об однокомнатной, только и повторяла про себя: Боже, когда же эти бесконечные выяснения отношений закончатся. Ну что ж, если мне достанется вся квартира, я готова еще потерпеть. Знаешь, я уже не хочу с ними делиться — хватит с них и пары тысяч, которыми они хотели от меня откупиться. Спасибо им за то, что они помогли мне это понять».

Суть Качества Дерзости вовсе не в том, чтобы никогда не делать то, чего хотят от тебя другие. Его суть в том, чтобы делать для себя и для них то, что хочешь ты сам, не переставая их при этом уважать и используя те уроки, которые они тебе преподают.

Как видно из этого примера, для обладающего Качеством Дерзости партнерами по достижению цели невольно становятся все люди — даже если это первоначально не входит в их планы. В философии даосизма, боевых искусствах Востока и учении о женской и мужской сторонах бытия подчеркивается синергизм, взаимозависимость жизни, в которой мы можем достичь своей цели, восприимчиво реагируя на позицию партнера зеркальным ее отражением. Как тут опять не вспомнить о мудрости Лао-Цзы, вынесенной в эпиграф, — мягкость девушки помогла проявиться таким качествам ее родственников, которые вызвали, в свою очередь, уже ее твердость. А вот поначалу твердая позиция родственников, изо всех сил цепляющихся за материальные блага, оказалась изнутри гнилой и уязвимой. Впрочем, таково положение любого человека, рассчитывающего на то, что окружающие будут жить по тем же правилам, что и он сам. Задача обладающего Качеством Дерзости по отношению к такому человеку заключается в том, чтобы помочь ему пробудиться — пускай даже ценой того, что мы покажемся ему на какой-то период неправильными или плохими.

Придя на прием к сексопатологу, студентка, посещавшая мои лекции, пожаловалась, что муж ее не удовлетворяет, и попросила совета. «У нас постоянные скандалы по этому поводу, — сказала она. — Я обвиняю его, понимаю, что ему больно — но не могу сдержаться! Посоветуйте, что сделать?»

«Если вы хотите лучше для мужа — смиритесь, — последовал ответ. — А если для себя — найдите другого мужчину и станьте его любовницей».

Девушка была возмущена. Однако через некоторое время жизнь взяла свое и она начала добирать недостающие ей в семейной жизни ощущения с другим мужчиной — впрочем, без намерения оставить семью. Разумеется, скандалы с ее стороны тут же прекратились, но теперь их стал устраивать муж, которому она рассказала о своем способе решения проблемы. Однако вскоре муж понял, что требования к нему снизились и... смирился. Через некоторое время он даже признался ей, что так ему даже спокойнее, — теперь он мог больше думать о собственном удовольствии и не зацикливаться на мыслях о том, что его потенция недостаточна для удовлетворения возросших аппетитов жены.

Разрешив себе стать плохой, девушка сделала то, что хотела она сама, но не делала раньше, потому что этого боялся ее муж. Однако затем стало лучше им обоим. В жизни часто бывает так, что лидер нарушает сложившуюся систему отношений для того, чтобы, пройдя неизбежную полосу трудностей, явить окружающим то, что вначале было видно только ему. Качество Дерзости, или умение быть плохим, не эгоистично и не альтруистично. Оно стоит вне дуальных понятий, как ницшеанский сверхчеловек стоит по ту сторону добра и зла.

Предположим, ваш друг оказался в беде и вы хотите ему помочь, но для этого нужно приехать к нему домой в достаточно позднее время. Естественно, ваши домашние будут против, и, следуя своему желанию, вы, скорее всего, какое-то время будете в их понимании оставаться плохим. Платой за альтруистические побуждения в отношении вашего друга будет эгоизм по отношению к собственным близким.

Относительность эгоизма и альтруизма проявляется не только в пространстве, но и во времени. Допустим, вы можете, но не хотите работать и зарабатывать больше или лучше, вместо этого уделяя время обучению новым навыкам или развитию своей личности. Домашние упрекают вас за то, что вы используете свое время и деньги на занятия, от которых они не видят и не получают сейчас никакой пользы. Однако, если со временем ваша квалификация или возможности заработка благодаря обучению или работе над своими качествами (компьютер, язык, новая профессия, тренинги по личному развитию) возрастут, а работа станет лучше оплачиваться, они будут в выигрыше. Наконец, если вы уделяете свое свободное время совершенно непродуктивному хобби, можно сказать в свое оправдание, что для вас сейчас это одна из немногих радостей в жизни и что, оставив ее, вы неминуемо заболеете, а это опять-таки отразиться на вашей работоспособности и в конечном итоге на доходах и взаимоотношениях с домашними.

Ваше стремление преуспеть может потребовать от вас кучу свободного времени, например на открытие собственного дела, а первые шаги в избранной вами области, скорее всего, не принесут никаких реальных дивидендов в ближайшем будущем, кроме понятного только вам окрепшего желания заниматься и дальше «именно этим», а также уверенности в том, что большую часть необходимого опыта вы уже получили. Но это будет только ваше понимание, и оно, скорее всего, еще долгое время будет оставаться недоступным для восприятия вашего даже самого ближайшего окружения.

> Ходившая ко мне на психотерапию женщина из семьи с весьма невысокими доходами потратила на

консультации и тренинги почти все семейные сбережения — муж был в бешенстве! Однако вскоре она почувствовала себя достаточно уверенно и, несмотря на его возражения, взяла кредит и открыла собственное дело. Когда через год она рассчиталась с долгами, а ее предприятие расширилось настолько, что в нем нашлась работа и для мужа, он признал, что расходы на личное развитие не были напрасными.

Конечно же, хорошо, когда удается объяснить перспективы своего роста близким людям. Но если объяснить невозможно, то остается либо подавить свои желания на неопределенное время (но из предыдущей главы мы уже знаем, что опасно бороться со своими желаниями, за исключением тех случаев, когда их сдерживание необходимо для движения к чему-то еще более важному!), либо все-таки научиться жить по-своему, оставаясь при этом плохим — чаще всего для родных и близких нам людей.

Как только мы решаем для себя, что *они не в состоянии нас понять*, мы должны без крика и истерик принять внутреннее одиночество человека, ступившего на тропу успеха, и привыкнуть к тому, чтобы раз и навсегда считать свои действия, предпринятые *после обдуманного и принятого решения*, правильными (хотя бы для того, чтобы научиться на своих ошибках и больше не повторять их). Теперь мы более не зависим от мнения окружающих и у нас больше не возникает необходимости убеждать их в своей правоте.

После единственного сеанса психотерапии, в начале которого женщина жаловалась на вечные скандалы и непонимание со стороны близких, она научилась пресекать семейные ссоры в зародыше единственной фразой: «Что вы хотите мне доказать? Что я плохая? Не трудитесь, для себя я хорошая», после чего любое продолжение разговора в неконструктивном русле уже, конечно же, не имело смысла.

Пока мы отвечаем только за себя, Качество Дерзости помогает нам защищать пределы лишь нашего собственного жизненного пространства. Однако, если мы рассчитываем сделать карьеру или стать лидером, умение быть плохим будет необходимо нам вдвойне.

Гораздо опаснее, когда страх быть плохим овладевает тем или теми, кто по роду своей деятельности должен управлять другими людьми, — предполагается, что лидер должен обладать теми качествами, которых у большинства людей нет, — иначе имеет ли он моральное право и дальше осуществлять свою управленческую деятельность?

> Проводя семинар по менеджменту с группой бизнесменов, я закончил его обсуждением реальных проблем предприятий. Директор одного из крупных государственных строительных предприятий заявил, что его главной проблемой является пьющий прораб, которого он не может уволить.
>
> «Вы и не должны его увольнять, — отвечал ему я. — Потребление алкоголя — его частная жизнь. Пока он в состоянии работать, вы не должны вмешиваться».
>
> «Да, но он приходит пьяным и на работу», — парировал тот.
>
> Тут я заподозрил, что за заявленной проблемой из сферы менеджмента скрывается его собственная проблема — психологическая.
>
> «Тогда почему вы не уволите его по статье?» — поинтересовался я.
>
> «Видите ли, у него жена и трое детей. Если я уволю его, им не на что будет жить. Да и на предприятии меня не поймут».
>
> «Понимаю. Ну что ж, благотворительность может иметь разные формы... В таком случае вам проще будет не допускать его пьяным к работе, а его работу поручить кому-то другому или даже пробить в штатном расписании новую должность для человека, который мог бы исполнять его обязанности. Пускай получает свою зарплату как благотворительную

помощь, но на работу в пьяном виде его пускать нельзя, этим вы подорвете свой авторитет в глазах других сотрудников».

«Так и происходит. Я пробовал и то, и это... Но он все равно приходит и даже спаивает других моих сотрудников...»

«Как?!»

«А вот так. Приходит с бутылкой в отдел кадров, давайте по одной, говорит. Они ему: а директор? Да ну, говорит, его — то есть меня...»

«А вы что же?!»

«Я на ковер его — скандалю, кричу... Он клянется, что в последний раз, а потом опять».

«Вы сознаете, что это уже ваша проблема, а не его? Вы понимаете, что это вы создали себе безвыходную ситуацию?!»

«Да, и что?»

На этом я прервал беседу и пригласил его пройти курс психотерапии.

Через несколько сеансов, в ходе которых мы работали с его чувством вины, восходящим еще к его давним взаимоотношениям с родителями и каким-то детским страхам, директор решительно заявил, что теперь ему плевать, как на это посмотрят его работники, и он уволит пьяницу с работы. На этот раз он сдержал свое слово.

А закончилась эта история почти анекдотически.

Еще через некоторое время жена алкоголика пришла... благодарить директора, уволившего ее мужа, — хотя этого он, конечно же, ожидал меньше всего. Оказалось, что глава семьи, даже работая, умудрялся пропивать всю зарплату, а когда не хватало — вымогал деньги у родственников. Все это время семья жила практически на подножном корму, привозя еду от родителей жены из деревни. После увольнения с работы пить стало не на что, и, протрезвев, он задумался: а не попробовать ли ему полечиться?..

Чем большее влияние имеет человек, тем более необходимо ему Качество Дерзости. Преодоление страха оказаться для кого-то плохим проявляется и в открытости по отношению к критике, и в отсутствии злопамятства, и в твердых намерениях продолжать делать то, что мы считаем для себя нужным и правильным.

Обидчивые главы государств очень часто устраивают неприятности журналистам и прессе, вместо того чтобы продолжать делать то, что они считают нужным, не опускаясь до сведения личных счетов.

Судя по всему, умение быть плохим, бросая дерзкий вызов окружающим, — именно то качество, которое следует воспитывать в себе еще на ранних этапах личного развития, в противном случае за свои ошибки придется платить в многократном масштабе — общество не прощает ошибок своим лидерам и в дальнейшем спрашивает с них по полной программе.

Легко посоветовать научиться быть плохим, но очень трудно последовать этому. Когда завязывается спор, каждый из нас горячо оправдывается, пытаясь защитить собственную репутацию: смотрите, дескать, какой я хороший. На самом же деле чем сильнее человек спорит о правильности принятого им решения, тем с большей вероятностью мы можем сделать вывод о его комплексе неполноценности. Жизнь гораздо проще: один раз сказал, после — делай. Всем все равно всего не объяснишь. Собаки лают — караван идет.

Проведя длительный курс психологического консультирования с женщиной, весьма известной в деловых кругах, я завязал с ней почти дружеские отношения и разрешил платить за очередной сеанс столько и тогда, сколько и когда она сама посчитает нужным. Некоторое время она аккуратно платила согласно нашим прежним расценкам, а затем, ссылаясь на упавшие доходы, стала платить через раз — и значительно меньше прежнего. Я не протестовал. Однако через некоторое время я узнал, что она купила квартиру для своей дочери и сделала в ней ремонт, — как оказалось, дела были вовсе не так плохи... Я тут же, не объясняя причин, попросил ее вернуться к прежней форме расчетов. Она обвинила меня в том, что я все измеряю деньгами, и попробовала посещать другого психолога, однако, не получив от него помощи, вернулась ко мне. Через некоторое время ее финансовые дела действительно ухудшились, и я опять предложил ей платить столько, сколько она посчитает нужным. Она улыбнулась — и отказалась.

«Я чувствую, что для меня пока преждевременно оценивать значение твоих услуг, — сказала она. — Будет лучше, если ты сам установишь сумму».

Я оценил ее деликатность и попросил ее платить половину от того, что она платила раньше. Через некоторое время ее дела поправились, и она сама предложила перейти к прежней, более высокой ставке.

Обидевшись на меня вначале, эта женщина вскоре осознала, что ею руководила жадность, и избавилась от нее — в каком-то смысле это помогло ей лучше вести свой бизнес. Однако она никогда не смогла бы этого сделать, если бы я постеснялся показаться для нее плохим.

Итак, Качество Дерзости, или умение быть плохим, — это прежде всего способность *давать самому себе поддержку* в ситуациях, когда все остальные отвернулись или могут, *узнав правду о тебе или твоих намерениях,* отвернуться от тебя; когда они не смогли тебя понять или не рискнули за тобой последовать.

Если мы уже постигли важность Качества Дерзости, для нас не составит труда овладеть еще одним его проявлением. Это умение говорить «нет» и «не хочу» и отказывать людям в просьбах, когда они очень хотят получить от нас то, чего мы не хотим им давать.

Для тренировки этого навыка американские психологи предлагают отработать три способа.

- «Нет» аргументированное.

Отличительной чертой этого способа является возможность четко и внятно обосновать причину, по которой мы отказываем, а также умение продемонстрировать свое нежелание изменять первоначальное намерение.

Выслушав заверения другой стороны о том, как ей необходима ваша помощь именно сейчас, можно сказать: «К сожалению, я не могу сейчас помочь тебе, потому что я занят (занята) другими делами».

- «Нет» после активного слушания и обратной связи.

В этом случае вы проявляете готовность выслушать собеседника и даете ему понять, что прекрасно поняли все аргументы в пользу его предложения, но тем не менее они на вас не повлияли.

Если вас приглашают в кино, взахлеб рассказывая о том, как было трудно достать билеты, вряд ли целесообразно перебивать словесный напор собеседника. Лучше подождать, пока эмоции иссякнут, и подвести черту: «Похоже, ты всерьез рассчитывал пойти со мной в кино». — «Да». — «К сожалению, я уже обещала (обещал) встречу в другом месте. Так что, извини — ничего не выйдет».

- «Нет» зацикленное.

Этот прекрасный способ годится для защиты от тех, кто не хочет понимать вас. Те, кто регулярно его применяет, утверждают, что хватает не более шести заходов.

На настойчивые просьбы одолжить денег до зарплаты можно после каждой следующей тирады, используя естественные паузы в речевом потоке собеседника, терпеливо повторять монотонным голосом, не изменяя ни порядка слов, ни выражения лица: «У меня нет свободных денег... У меня нет свободных денег... У меня нет свободных денег...»

- В самых тяжелых случаях можно совмещать все три способа.

Наше неумение быть плохими и говорить «нет» активизирует в нас программы управляемых — ибо все мы, за очень редким исключением, выросли в атмосфере родительской власти. В дальнейшем мы вырвались из-под власти родителей, но не из-под власти программ управления нашими потребностями. Эстафету управления нами подхватило Государство и Церковь, Общественное Мнение и Общепризнанные Идеологии, Законы и Мораль, а также неписаные правила наших собственных семей, кланов и компаний.

Однако, распознав механизмы нашей управляемости, мы сможем изжить их в себе лишь тогда, когда дадим себе право вырваться из-под власти общепринятых моделей поведения, или стереотипов, речь о которых пойдет в следующей Ступени.

Практикум 3
ПОДЕРЗИМ?

Упражнение 1

Проанализируйте течение сегодняшнего или вчерашнего дня и ответьте для себя на следующие вопросы.

Как часто мне приходилось говорить «нет» и отказывать в просьбах? Всегда ли я позволял себе это, когда у меня возникала такая потребность? Говорил ли я об этом своевременно? Удавалось ли мне находить при этом такую форму отказа, которая сводила бы к минимуму неприязнь или обиду других людей? Хорошо ли я себя чувствовал после ситуации отказа? Хорошо ли себя чувствовали после нее другие люди? Как я перенес их упреки или претензии, если они за этим последовали?

Если вы не удовлетворены качеством своих отказов, вернитесь к упражнениям 1 и 4 предыдущего практикума.

Упражнение 2

Станьте перед зеркалом и представьте себе неприятную ситуацию, в которой вы хотели, но не смогли отказать другому. Повторите несколько раз слово «нет». Спросите себя, не присутствует ли в интонациях вашего голоса, проговаривающего это слово, интонаций страха? Агрессивности? Вины? Подавленности? Раздражительности? Звучит ли ваш голос при этом раскованно и естественно?

Выберите время, чтобы остаться наедине с самим собой. Скажите перед зеркалом «Нет» решительным и твердым, но не агрессивным голосом десять раз. Затем проделайте то же самое, представив себе десять ситуаций, в которых вы хотите кому-либо отказать.

Упражнение 3

Затем снова представьте себе те же самые ситуации, но на этот раз добавьте условия, на которых вы бы могли согласиться сделать то, что от вас требуют. Проговорите эти условия воображаемому собеседнику в форме позитивных утверждений. Например: *«Я могу сегодня проводить тебя с работы домой, если завтра ты сделаешь для меня то же самое»*. Повторяйте до тех пор, пока вы не почувствовали, что ваш голос решителен, а вы сами утвердились в понимании того, что вы заслуживаете вещей, о которых просите.

Упражнение 4

Подумайте о десяти вещах, которые вы бы хотели попросить у других людей. Представьте их себе и попросите о том, что вы хотите, начиная предложения со слова «можно» (*могу ли я*).

А теперь представьте себе ситуации наиболее болезненных отказов. По окончании мысленно представленного вами ответа собеседника улыбнитесь и скажите: «Хорошо! Спасибо за откровенный ответ!» Можете заменить эту фразу на любое другое позитивное высказывание.

В случае если ваш голос звучит агрессивно или излишне подавленно, отложите выполнение упражнения до знакомства с упражнениями Практикума Ступени «Выгони внутренних демонов».

Упражнение 5

Используйте для этого упражнения третий список своих желаний, составленный в ходе последнего упражнения Практикума первой Ступени. Проанализируйте, исполнение каких из ваших желаний, в силу своей природы либо в силу избранных вами методов для его реализации, будет неудобно для окружающих. Спросите себя, обладают ли окружающие вас люди достаточной властью над вами, чтобы предотвратить или задержать исполнение ваших желаний. При отрицательном ответе приступайте к выполнению перечисленных вами желаний немедленно. При положительном ответе составьте план реализации своих желаний, разбейте его на этапы и начинайте выполнение первого этапа своего плана втайне. Когда сделанное будет иметь определенный вес и отступать назад будет невозможно, объявите о своем плане в открытую.

Повторяйте эти упражнения до тех пор, пока вы не будете замечать за собой проявления Качества Дерзости ежедневно.

ЗАЩИЩАЙТЕ ИНФОРМАЦИЮ!

> Язык, на котором они говорят, должен держаться в секрете от средств массовой информации.
>
> *Группа «Вакуум»,*
> *строка из песни «Просветленные»*

Мы не выработаем в полной мере Качества Дерзости, пока не научимся защищать информацию о своем образе жизни перед представляющими для нас опасность людьми. Очень часто этими людьми являются те, кто ближе всех находится к нам в нашем жизненном пространстве и уже доказал нам свою склонность контролировать нас и управлять нами.

Будде приписывают фразу: «Человек станет просветленным, когда убьет своих родителей». Разумеется, он имел в виду не физическое убийство, а убийство того внутреннего голоса, который постоянно призывает нас быть для них хорошими — впрочем, как и для всех остальных членов наших семей.

Основой для нашей неспособности стать плохими часто выступает исподволь внушенный нам с детства родителями и воспитателями Миф о Нравственности Правды. В дальнейшем этот миф использует государство для усиления контроля за неугодными проявлениями личности и семья для удобства управления нами.

Попадая в жесткий дуализм Правды и Лжи, мы поддаемся чрезмерной власти чувства вины и общественного мнения. При этом мы зачастую упускаем возможность защитить информацию от тех, кто обладает реальными инструментами насилия и стремится на наши права посягнуть.

Следует помнить, что, когда нас пытаются усовестить, игра идет не на равных. Требующие сказать правду, как правило, наделены властью или возможностью творить в отношении нас насилие, контролировать наши поступки и ограничивать нас в правах. Не сомневайтесь, что вас, скорее всего, доставят в школу под конвоем, если вы признались, что накануне прогуляли уроки; супруг ударит вас, оскорбит или разведется с вами, если добьется от вас признания в неверности, а государство оштрафует, если вы признаетесь в сокрытии доходов от налогообложения.

На самом деле такая правда — это просто *инструмент контроля* за нашим поведением в руках тех, кто использует наше зависимое положение. Говорить же о контроле невыгодно — поэтому все говорят о правде.

Некий известный бизнесмен и государственный деятель в интервью известному украинскому журналу говорил о том, как помогло ему юридическое образование в ситуациях, где он учился обходить неудобные для него законы старой советской системы. Осмелевший от услышанных откровений корреспондент задал нуворишу вопрос, помогает ли ему его образование делать сейчас то же самое. Деятель засмеялся и ответил: «Ну, а на этот вопрос я отвечу лет этак через двенадцать».

Разумеется, заявляя о своем праве контролировать нас с помощью изданных ими законов и нашей совестливости, чиновники отнюдь не спешат ответить нам тем же.

Просто удивительно, что в период выборов президента Украины 1999 года ни один из кандидатов, прошед-

ших во второй тур, не задекларировал месячного дохода более нескольких сотен долларов, — даже моя зарплата в период работы в иностранной компании была намного больше. Единственный кандидат-бизнесмен, написавший в графе «доход» сумму, превышающую миллион гривен, потом удивлялся: «Ездим на одних и тех же машинах, носим ту же одежду... Как им хватает?» Впрочем, бизнесмен набрал всего лишь около одного процента голосов — народ так и не простил ему правды, которая оттеняла убогость повседневного существования большинства. *Во второй же круг главным образом вышли те, кто весьма точно угадал, что именно нужно этому самому народу соврать.*

Между тем рецепты правильного обращения с информацией очень древние. Один из них восходит ни больше ни меньше как к библейским временам. Я много думал над смыслом одной притчи, рассказанной в Библии.

Желающие спровоцировать Христа на конфликт с властями люди спросили его, следует ли платить налоги. Христос спросил их, что нарисовано на монете, и, получив ответ (на монете была изображена голова кесаря), сказал: «Богу отдавайте Богово, а кесарю — кесарево». Фарисеи успокоились и отстали от него.

Сегодня многие верующие христиане уходят из бизнеса в странах с грабительским налогообложением, ибо не могут позволить себе укрывать даже то, что необходимо хотя бы для минимального развития их собственного дела. Их уровень сознания весьма недалек от степени осознания действительности тех фарисеев, которые, буквально истолковав ответ Христа, прекратили свое расследование, о чем наверняка впоследствии пожалели. *Ведь если вдуматься в глубинный смысл слов Христа, нетрудно понять, что Богу принадлежит ВСЕ. И работник, и кесарь, какие бы законы он ни устанавливал, могут получить лишь то, что позволено им Богом.*

Если даже люди библейских времен понимали природу двойного стандарта *правды для управляющих и управляемых*, не пришло ли время и нам задуматься о ее назначении? И, разумеется, я имею в виду не только государственную власть. Бывает, что гораздо больше нас тяготит зависимость от собственных родителей, детей или супругов.

Один мой знакомый увлекся благотворительной деятельностью. Пройдя курс специального обучения, он подвизался в качестве консультанта-волонтера на телефоне доверия. С тех пор иногда по вечерам он перестал бывать дома.

Его мама, и прежде часто критиковавшая его времяпровождение, начала давить еще сильнее: дескать, и время тратишь, и не отдыхаешь, и денег не зарабатываешь!

Знакомый, будучи человеком свободной профессии, который имел работу в разное время суток, нашел очень простой выход: он просто перестал рассказывать матери, где бывает. «Так ты на работу идешь или нет?» — допытывалась потерявшая покой мама. «Работы всегда много», — уклончиво отвечал он. «А тебе за нее заплатят?» — «Когда-нибудь заплатят». — «А куда ты идешь работать?» — «Куда иду — неважно. А вернусь около 10 вечера».

Пришлось выдержать пару скандалов — наши близкие нелегко расстаются со своей привычкой управлять нами, — зато потом, когда мать убедилась в твердости его намерений, скандалы сменились тихим ворчанием, а ворчание — спокойным вопросом: «Когда будешь?»

Из этого примера видно, что одним из важнейших проявлений, уравновешивающих Качество Дерзости, является умение осторожно обращаться с информацией.

Прошу не воспринимать эти строки как призыв к лицемерию и изворотливости. Главным врагом на пути личного развития является не правда, а чувство вины и собственной плохости, являющиеся продуктом черно-белого видения мира через призму плоских религиозно-этических оценок: дескать, говорить правду хорошо, а лгать — плохо. Следствием такого мироощущения является упрямая склонность к невыгодной правде или унизительной лжи, или несвоевременное использование того и другого.

Да, стремиться к правде нужно — однако не следует забывать при этом, что правда у каждого *своя*. Моя правда, например, в данную минуту может заключаться в том, что окружающие ее не поймут — или используют против меня. И потому, в зависимости от ситуации, *личная правда* может включать в себя полную правду, преобразованную правду (ложь) или усеченную правду (умолчание). Это не означает, однако, что если мы слабы или зависимы, то всю оставшуюся жизнь придется провести во лжи или в умолчании: использовать последние два приема имеет смысл лишь тогда, когда мы хотим выиграть время для того, чтобы изменить свое зависимое положение.

Студентка, изменившая мужу, из примера в начале Ступени «Учись быть плохим», все-таки нашла в себе силы признаться в этом и за счет этого смогла стать сильнее его. Если бы, движимая страхом оказаться плохой, она продолжала бы скрывать свою связь, муж все равно рано или поздно узнал бы об этом, но тогда она оказалась бы в роли виноватой и ей трудно было бы настоять на своем праве продолжать и дальше свои встречи. Кроме этого, сказав правду, она дала шанс мужу преодолеть свою ревность и деспотизм, проявившийся в идее о том, что ее время и ее тело должны принадлежать только ему, после чего их отношения улучшились. Хотя в большинстве случаев, если измена имеет место, с признаниями лучше не спешить.

Творческий человек должен признать, что иногда единственно правильным способом обращения с информацией является ложь, — мы живем в несовершенном мире и не можем навязать ему свои (даже очень высокоморальные) законы. Общеизвестно, что ложь во спасение (то есть во имя избежания необязательной боли для другого человека) допустима. Ложь тем более допустима тогда, когда люди, от которых вы зависите, могут применить к вам физическое насилие или посягнуть на ваши важнейшие права (свободу передвижений, права на жилье и питание и т. п.). По моему мнению, ложь также простительна, когда речь идет о поиске средств к существованию или ресурсов, необходимых вам для воплощения вашей мечты, — ведь всем известно, что законы защищают прежде всего права сильных. Общество не имеет права требовать от нас следовать его морали, если оно создало условия, при которых эти средства и ресурсы распределяются несправедливым и неэффективным образом или попадают в руки тех, кто по своим качествам отнюдь не заслуживает этого, — и потому чувство вины в ситуации борьбы за выживание совершенно неуместно.

Раджниш в своей биографии писал о том, как ему пришлось притвориться поклонником одной экзотической богини, которой поклонялся директор единственного колледжа в городе, в который он мог попасть. Разумеется, узнав о религиозных предпочтениях своего новоиспеченного «собрата по вере», директор колледжа тут же сам предложил ему поступить в его заведение на учебу.

Через некоторое время обман раскрылся. «Ты обманул меня», — упрекнул директор своего нового студента, видя, что его религиозное рвение исчезло сразу после поступления.

«Что мне оставалось делать? — последовал ответ. — Если бы я этого не сделал, вы бы не приняли меня».

Величие этого человека проявилось не в том, что он солгал, а в том, что он не пытался изворачиваться, когда пришло время сказать правду.

Конечно же, применяя ложь, следует быть максимально осторожным. И, разумеется, не создавать себе иллюзий, что ложь может быть вечна — она хороша лишь в определенных условиях и лишь как первый толчок для получения желаемого. Понимая эту особенность лжи, лучше брать инициативу в свои руки и при первом же удобном случае говорить правду самому, не дожидаясь, пока она всплывет сама по себе, — или заранее подготовить себя к такому исходу и застраховаться от него. Ведь ложь — временное явление и должна рано или поздно быть изжита — иначе наши отношения или достижения разрушатся под ее тяжестью. Если мы вынуждены сегодня лгать — тогда вместо бесплодных угрызений совести лучше заняться приготовлением условий, при которых мы будем способны сказать правду и работать над их воплощением, подготавливая других к тому, чтобы их сознание могло эту правду принять. Не будем забывать о том, что мы всегда вправе выбрать для правды самый подходящий момент. Если момент для правды неблагоприятен, а делать свой ход нужно, место правды временно может занять ложь.

Юный Билл Гейтс вступил на тропу успеха, когда продал за бешеные деньги программу для только что поступившего в продажу компьютера. Он опередил возможных конкурентов-программистов только благодаря тому, что заявил о том, что такая программа у него уже есть (хотя на момент начала переговоров с производителем компьютера ее попросту не было), — а затем, пока шли переговоры, написал ее. Возможно, если бы он не соврал в самом начале своего пути, мир не узнал бы Гейтса, а мы — продукцию компании «Майкрософт», благодаря которой на момент написания этой книги работают 9 из каждых 10 компьютеров земного шара.

Тем не менее ложь имеет свои собственные ограничения, которые не позволяют безусловно рекомендовать ее практику тем, кто вступает на путь личного развития.

Во-первых, ложь — путь наименьшего сопротивления и потому легко порождает привычку следовать этим обманчиво простым путем. Солгав несколько раз, вскоре мы часто обнаруживаем, что сказать правду в дальнейшем практически невозможно, а если возможно, то только подвергая свои отношения или завоевания серьезной угрозе разрушения и потери.

Во-вторых, ложь не снимает проблему, как таковую, — она просто отодвигает ее в будущее. Если мы не используем выигранное время для изменения обстоятельств или для укрепления силы своего духа, кризис обрушивается на нас с еще большей силой, когда тайное неизбежно становится явным.

В-третьих, ложь заставляет нас постоянно находиться в напряжении, контролируя прохождение информации и дальше. Поскольку такое состояние не может продолжаться вечно, в какой-то момент правда все равно выходит наружу.

Как говорят английские пословицы: «Вы можете дурачить одного человека все время или всех людей некоторое время, но вы не можете дурачить всех людей все время»; «Лжецы должны иметь хорошую память» (судя по всему, чтобы не проговориться не вовремя).

Поэтому самым лучшим способом для защиты информации о своей жизни, которую мы хотим держать вне чужого контроля, является *не ложь, а умолчание*. Ведь мы всегда вправе объявить то, о чем нас спрашивают, прерогативой нашей личной жизни и отказаться от разговора на эту тему вообще; однако лучше не козырять своими правами перед тем, кто уже доказал свое стремление на них наступать, а овладеть умением ненавязчиво переводить разговор на другую интересующую опасного собеседника тему.

Конечно, по сравнению с ложью умолчание — фигура высшего пилотажа, и овладеть ею удается не сразу. Однако и вознаграждение будет достойным — как в самоуважении, так и в улучшении взаимоотношений с окружающими.

Как-то мне пришлось навестить в больнице друга, недавно попавшего в автокатастрофу.

К его страданиям физическим добавились моральные — он недавно женился и сетовал на то, что молодая жена слишком любит пьянки-гулянки, за что он и раньше ей выговаривал, — а тут, не дай Бог, совсем распояшется.

— Но ты ведь и сам, даже в браке, в монахи не рядился? — говорю я ему.

Он засмеялся:

— Да нет, но у меня в этом деле только тело участвовало. А ведь она так не сможет, женщине, чтобы переспать, хоть немного влюбиться надо. А я хочу, чтобы только меня любили.

— Слушай, а ведь это у всех по-разному. Кому-то, например, проще было бы узнать, что ему по любви изменяют — все ж не как скотина какая-то. Да и потом, «что посеешь, то и пожнешь», ты разве не слышал? Ведь ты себе в браке тоже разное позволял, думал тогда, каково ей?

— Так она ж не знала!

— А ты что, сейчас знаешь?

Молчит, думает. Я продолжаю:

— Так что, как ни крути, избежать тебе этого не удастся, и чем скорее оно к тебе придет, тем для тебя лучше — все равно тебе уже назначено побывать в ее шкуре, вернее, ты сам себе это назначил. Знаешь, как древние говорили: «Принимающего судьба ведет. Сопротивляющегося тащит».

Кажется, разговор возымел действие. Теперь он не так нервничает, когда жена задерживается с работы на очередной сабантуй, — ведь то, что ему раньше казалось самым худшим, мой приятель для себя уже принял. Однако последняя точка была поставлена в разговоре с женой позднее, когда однажды, разнервничавшись сильнее прежнего, он стал на нее давить: «Скажи мне правду, ведь у тебя кто-то есть!»

> Обычно в этих ситуациях жена отшучивалась, а тут вдруг посмотрела на него пронзительным взглядом:
> — А тебя эта правда не убьет?
> Отчего-то смутившись, он пробормотал: «Не знаю», — и разговор замяли.
> С тех пор он сам говорит ей: «Делай что хочешь. Но только чтоб я не знал!»

Умолчание не может убить, потому что представляет собой информацию, усеченную и преобразованную правилом соизмеримости, — то есть такую информацию, которую другой человек может принять и использовать без вреда для себя и для нас. Именно та часть правды о себе или о других, которую вы готовы обнародовать, и будет являться вашей *личной правдой*.

Однако тому, кто решил освоить прием умелого обращения с информацией, необходимо быть готовым к тому, что он станет плохим для тех, кто не сможет услышать от нас ответа на поставленный вопрос.

> Натолкнувшись на неприятие мужем ее нового круга знакомых, одна из моих коллег взяла себе за правило молча уходить из дому, не говоря о том, куда она идет.
> — Ты куда!? — горячился в этих случаях ее муж.
> — На кудыкину гору, — дерзко говорила она.
> — С любовником встречаешься?! Правду скажи!
> — Это твоя правда, — отвечала женщина. — А моя при мне.
> — Так чего же не скажешь?
> — Скажу тогда, когда захочешь услышать правду не только о том, что я делаю и с кем встречаюсь, но и о том, какая я на самом деле. А пока — извини.

Все вышесказанное потеряет свой смысл, если мы забудем, что конечной целью Творца Успеха все-таки остается Правда. Да, всегда следует стремиться к ситуации, где будет возможно говорить правду, но при этом не следует забывать о своем праве выбора времени, личности и обстоятельств, которые смогут эту правду вместить и развить в нечто более ценное, чем просто информация о нашем образе жизни, поступке, мысли или желании.

Каждый момент имеет собственную правду. Все относительно, и находчивый человек со временем научится говорить то, что нужно, избегая невыгодной правды и унизительной лжи.

> Устраиваясь на работу, мой друг осознавал, что его слабое место — работа с компьютером, в котором на тот момент он был, что называется, ни бум-бум. К счастью, директор приберег этот неудобный для него вопрос на конец собеседования, когда стало очевидно, что по всем остальным составляющим кандидатура моего друга явно его устраивает. Конечно же, друг не мог подвергать риску такую замечательную возможность! И потому, когда директор спросил его, владеет ли он компьютером, друг дерзко произнес:
> — В 1990 году я написал на компьютере целую книгу.
> Директор пришел в восторг, и контракт о его найме был подписан. Однако поскольку владение компьютером для его новой работы было крайне необходимо, через неделю друг вошел в кабинет директора с заявлением, в котором просил фирму отправить его за счет рабочего времени на курсы пользователей.
> — Вы же сказали, что в 1990 году написали на компьютере целую книгу! — возмутился директор.
> — Да, но при этом мне его включали и выключали, — отпарировал тот.
> Директор покачал головой и подписал заявление.

В данном примере другу пришлось стать плохим дважды: когда он сознательно ввел директора в заблуждение, чтобы получить работу, и когда он признался в этом, чтобы избежать проблем в будущем. Ни то ни другое не было бы возможным для человека, не обладающего Качеством Дерзости.

Ступень четвертая
РАСКРЕПОСТИ СОЗНАНИЕ

Сон разума рождает чудовищ.

Гойя

Золотое правило жизни заключается в том, чтобы не иметь никаких золотых правил.

Бернард Шоу

ДЕВИЗ СТУПЕНИ

Не заботься о	Думай чаще о	Развивай в себе качество
стереотипах — попробуй лучше открыть для себя что-нибудь новенькое	*том, чтобы быть спонтанным*	*находчивости*

Очень часто устоявшиеся стереотипы взаимоотношений, образа жизни, ежедневного поведения, наслаиваясь друг на друга, образуют как бы клетку, омертвевшую скорлупу, сдерживающую личный рост человека, который невозможен без вечного поиска новых форм, без вечного эксперимента в движении к совершенству.

Та же мысль в древнеиндийских писаниях выражена так: «Жизнь — это игра Бога, его вечное наслаждение творчеством».

Что же мешает нам следовать Богу хотя бы в этом, наслаждаясь жизнью и превращая ее в творчество? Лишь наша собственная привязанность к старым формам.

Кому хоть раз в жизни не приходила в голову примерно такая мысль: вот бросить бы все, уехать на необитаемый остров... Вполне возможно, движение к собственному счастью можно было бы начать и так, однако кто из подумавших таким образом удосужился хотя бы купить билет?

Впрочем, необитаемый остров — не единственный и, вполне возможно, не лучший путь к счастью. От себя не убежишь — и если не использовать толчок, данный новыми обстоятельствами, жизнь на необитаемом острове может вскоре показаться скучной и постылой. Тяга к прошлому, олицетворяемая старыми привычками, очень сильна. Как говорил в свое время Ошо: «Если людям предложат выбирать между счастьем и несчастьем, они скорее выберут второе, потому что они слишком много в него вложили».

На самом же деле путь к счастью прост и одновременно сложен: нужно попытаться увидеть в своей жизни то, чего ты не видел до сих пор, и использовать это. Основой для такого пути является Качество Находчивости.

> Мои друзья непрестанно ссорились между собой, пока жили вместе. Основой для взаимных упреков со стороны жены было то, что муж проводит с ней мало времени, а со стороны мужа то, что она плохо ухаживает за ним. Подумывая о разводе, они разъехались, каждый к своим родителям, — и отношения сразу улучшились. С тех пор они стали проводить вместе только выходные, а знакомым, смеясь, объявляли: «У нас брак — на уик-энд».

Очень часто замахиваясь на непременное для личного успеха условие творчества в профессиональной сфере, мы почему-то забываем отработать это качество на более скромном и менее видимом для окружающего мира материале — нашей собственной жизни. Творчество во всем, что касается повседневных жизненных мелочей, называется *находчивостью*. Только находчивый человек достоин того, чтобы в будущем прийти к радости больших достижений.

Не умеют творить только те, кто привык к тому, что ими управляют.

Внешними проявлениями программ, по которым живут управляемые, являются правила поведения, которым мы бессознательно следуем, то есть стереотипы. А в основе любого заблуждения лежит стереотипное мышление. Стереотипы бывают полезны, когда экономят время, силы и энергию нашего сознания для действия в привычных ситуациях, например: «Уходя, надо закрывать за собой дверь». Однако они становятся вредными сразу же, как только изменяются ситуации, мир вокруг нас или наши собственные побуждения; они вредны, когда сводят бесконечно сложный мир в набор неосознанных правил и ограничений.

Люди, мыслящие в основном стереотипами, склонны освящать их различными постулатами — моральными, религиозными либо «сверхличностными» (например, интересами государства, клана, семьи или нации; мнением научных авторитетов); однако они не склонны иметь собственного мнения по каким-либо вопросам либо считают, что стереотип, которым они бессознательно пользуются, и есть их мнение.

Если мы вовремя не пересматриваем тот набор стереотипов, который определяет наше поведение и мышление, и не вычищаем его из нашего сознания или не выносим его на уровень *осознания*, мы подвергаем себя опасности попасть в ситуацию, когда количество однажды перейдет в качество, и неожиданно для себя окажемся связаны набором идеологических сверхценностей в зависимости от людей не совсем достойных.

Именно поэтому для пробуждения Качества Находчивости, а затем и Творчества необходимо начинать с осмысления стереотипов, с расстановки их по позициям пригодности для собственного развития.

> Следуя стереотипу трехразового питания, навязанному мне, как и большинству других детей в младые годы властью родителей, в зрелом возрасте я начал ощущать от этого некий дискомфорт, так как это стало отнимать слишком много времени.
> Поэкспериментировав с различными системами питания и голода, я пришел к выводу, что на данном жизненном этапе меня вполне удовлетворит питаться приготовленной пищей один раз в день, вечером, — до этого, в случае голода, я могу съесть что-нибудь сырое.
> Выиграв больше времени для своих занятий, я к тому же почувствовал себя значительно здоровее.

Стереотипное мышление всегда ищет общепринятого удовольствия и избегает трудности, ориентируется на оценку большинства или авторитета, жаждет влияния на свое окружение, чтобы замаскировать собственную неполноценность, и накапливает примеры подтверждения своей правоты. Следуя этой цели, оно с удовольствием принимает на себя роль «столпа морали», безапелляционно судящего на основании тех же стереотипов о чужих достоинствах и недостатках, всегда готового воспитывать кого угодно в соответствии с существующими правилами либо делать «ценные» замечания, и при этом всегда оправдывается принципом «так делают все».

Стереотипное мышление не признает личной жизни и индивидуальных отличий и желает создать обязательные и общие правила для всех, игнорируя различия в потребностях людей и в уровне их развития. Оно не склонно признавать свободу людей делать то, что они хотят, покуда они не согласуют своих действий с окружающими или не выверят их по соответствующим меркам-авторитетам.

Стереотипное мышление склонно к насилию, потому что оно становится очень агрессивным и раздражительным по отношению к тем, кто не пользуется схожими стереотипами, — мы можем проверить это на примере воздействия на сознание различных религий и политических идеологий.

И наконец, стереотипное мышление притягивает к себе носителей подобных или диаметрально противоположных стереотипов, подменяя возможности открытых, уважительных и развивающихся взаимоотношений непродуктивным времяпрепровождением, состоящим из сплетен, споров, диспутов на политические или религиозные темы и прочих ничего не значащих занятий, порождающих конфликты и взаимное перекладывание друг на друга ответственности за отсутствие общего дела.

> Рассказывает участник психологического тренинга в Центре «Мерла»:
> «Когда меня на улице едва не покусала стая собак, я спросил у Люды Литвиненко, проводившей тренинг, почему это могло произойти. Конечно же, меня бы уже не устроило стереотипное объяснение типа „не зли их и держись подальше".
> „Ты же знаешь, подобное привлекает подобное, — последовал ответ. — Что для тебя представляет собака в символической форме?"
> „Агрессию".
> „Вот с ней и работай".
> Я тут же вспомнил, как накануне поддался соблазну в компании представителей оппозиционной партии до хрипоты в горле поругать бездарное правительство. Хотя я никогда не был ярым государственником и не жаловался на жизнь при любой власти, в тот раз стадное чувство оказалось сильнее желания не участвовать в споре или проигнорировать

его. Собаки, набросившиеся на меня из-за слепой ярости одной из них, помогли мне увидеть себя в этой ситуации со стороны».

Чем больше мы пребываем в системе стереотипов, тем большую они имеют над нами власть, тем сильнее мы к ним привязываемся и тем больше усилий нам приходится приложить, чтобы от них освободиться. Однако самое главное здесь то, что мы становимся зависимы и управляемы теми, кто хорошо изучил психологию обывателя, мышление которого целиком и полностью определяется набором стереотипов. Взять хотя бы такой пример: подходит к вам на улице нищий из породы профессиональных попрошаек и — разумеется, очень вежливо — просит, ну, скажем, всего пять копеек. Большинство из нас либо полезет в карман, либо, стыдливо опустив глаза, промямлит, что нет мелочи, — и в том и в другом случае нищий не без оснований почувствует над нами свое моральное превосходство. Основа этого превосходства — древнейший стереотип: «Если просят вежливо и мало — нельзя отказать». Нищий сильнее нас, потому что стал свободнее, нарушив другой общепринятый стереотип поведения, — он переступил черту, отделяющую его от общества, приличному члену которого «просить стыдно». Быть изгоем за плату — его бизнес, и, давая ему, мы поощряем его паразитизм, подтверждая успешность этого бизнеса, хотя прекрасно осознаем это. Причина такого парадокса проста: *человек, боящийся нарушить стереотипы, всегда (!) слабее того, кто не боится их нарушить.* Однако такая дилемма (дать денег или соврать) стоит далеко не перед всеми.

Мой знакомый попал в похожую ситуацию на моих глазах, и мне было очень интересно посмотреть, как он из нее выберется. Еще бы, ведь он проводит бизнес-тренинги, значит, человек творческий.

Пока мы беседовали, стоя на улице, к нам подошел кто-то из нищих. «Пацан, дай по голове!» — закричал ему мой собеседник первую пришедшую в голову абсурдную фразу в ответ на просьбу дать денег. Нищего как ветром сдуло.

От многих неприятных нам людей отделаться весьма просто — достаточно не соответствовать их стереотипу поведения (а заодно можно и проверить свою способность быть плохими). Однако, поскольку мы чем-то уже притянули их в свою жизнь, задача усложняется тем, что надо сломать и свой собственный стереотип поведения — только в этом случае действие становится спонтанным, а действующий — находчивым.

Тактика «взламывания стереотипов» неплохо действует и в ситуации, когда беседа с интересующим вас человеком складывается неблагоприятно.

Рекламируя свои тренинги по продажам, тот же знакомый (его фамилия Деревицкий) пришел для переговоров с директором фирмы, где предварительный разговор о нем уже состоялся. Однако, придя туда, он натолкнулся на крайне неблагоприятный прием: то ли директор передумал, то ли настроение у него испортилось, но в процессе слушания он ни разу не высказал своей заинтересованности.

После того, как знакомый закончил презентацию перечня своих услуг, директор надменно его спросил:

— А кто вы, собственно говоря, такой?

— Вы читали Карнеги? — последовал встречный вопрос.

— Да, — признался директор.

— Так вот, это их американский Деревицкий.

Директор посмеялся, и вскоре они заключили контракт.

Очень часто уже знакомый нам страх быть плохим является основным ограничением, мешающим нарушить общепринятые стереотипы и поступить так, как нам удобно, сэкономив свое время и силы для тех дел, которые нам нравятся. Кому не известна такая ситуация: на носу день рождения, скоро придут гости — и вот, хозяйка с хозяином проводят день и ночь у плиты, чертыхаясь и кляня все праздники вместе взятые на чем свет стоит. Между тем нарушить стереотип общепринятого гостеприимства очень просто: достаточно на секунду задуматься над тем, какое течение праздника доставит удовольствие *лично вам* и стоит ли вообще организовывать его общепринятым образом.

После чего достаточно будет рассмотреть ситуацию, в которой вы собираетесь известить своих друзей и близких о собственных намерениях, как тренировочную для наработки *Качества Находчивости*; а их возможные претензии или пересуды за вашей спиной — как цену, которую необходимо заплатить, чтобы покрепче утвердиться в Качестве Дерзости.

> Одна моя знакомая в таких ситуациях, обзванивая приглашенных, сообщает им: «Подарка не надо. Приготовь лучше то-то и то-то — у тебя это лучше всего получается». А затем восседает во главе великолепно накрытого общими усилиями стола, чувствуя себя именинницей не на словах, а на деле.
>
> Другая, чтобы избавить себя от расспросов и домашних хлопот, вообще на период своего дня рождения берет отпуск и уезжает из города.
>
> Третья, принимая поздравления по телефону, приглашает зайти, но предупреждает, что будет только чай с тортом.
>
> Еще один мой друг, желая оградить жену от ежегодных трудовых подвигов на кухне, вообще приучил друзей к тому, что свой день рождения не празднует, — и ничего, никто не в обиде.

Между прочим, даже любая вредная привычка — тоже стереотип, как и любой *необязательный для выживания* стереотип — потенциальная вредная привычка. Чтобы ее преодолеть, иногда бывает достаточно отследить цепочку стереотипных действий до начала ее зарождения, — такую работу часто проводят психологи в ходе своих консультаций.

Клиентка, которой я оказывал психологическую поддержку, долгое время могла критиковать мужчин, ведущих холостой образ жизни. На своей работе выходить на смену она предпочитала с барышнями, могущими поддержать ее любимую тему беседы. Верование в преимущество семейной жизни перед холостой было в ней очень сильно.

Как-то раз в ходе психологического тренинга она призналась, что переживает из-за того, что долгое время не могла выйти замуж. Я утешал ее как мог, говоря о том, что далеко не всем это нужно и т. д.

Вскоре в ходе нового тренинга она заявила о другой проблеме: ей было трудно бросить курить. Разрываясь между двумя стереотипами поведения («нервничаешь — покури» и «курить — вредно»), она никак не могла найти собственный путь. Пришлось успокоить ее и на этот раз, говоря о том, что бросать курить вовсе не обязательно.

Однажды в ходе нашей очередной консультации она схватилась за сигарету. Я тут же попросил ее потерпеть и воздержаться.

«Но я же буду плохо себя чувствовать, если сейчас не закурю!» — едва не закричала она.

— Хорошо, закуришь попозже, но при условии: расскажи мне, почему тебе хочется курить.

— Откуда я знаю — просто хочется, и все!

— Нет, не просто. Понаблюдай за собой. Как именно тебе хочется? Что ты чувствуешь при этом?

Она указала куда-то в район груди:

— Вот здесь... Давит.

— Хорошо, теперь кури. В следующий раз, когда захочется себя пожалеть, можешь тоже отследить свои ощущения, вспомнить, когда ты испытывала похожие, и сообщить мне.

— А тут и ждать нечего, я и так помню... — сказала она и вдруг осеклась. Оказалось, что мысли о замужестве приходили к ней на фоне тех же самых ощущений. Курить ей сразу же расхотелось.

Через некоторое время выяснилось, что впервые она разрешила себе закурить тогда, когда ее бросил любимый за день до свадьбы. Примерно тогда же она впервые почувствовала тяжесть в груди — курение было лишь способом заглушить ее. Мы раскопали ее старую эмоциональную привязку к ситуации неуспеха и в ходе более поздней консультативной встречи уничтожили ее.

После этого разговора она стала выкуривать втрое меньше сигарет. Стереотипная связка «прошлое — ощущение неполноценности — тяжесть в груди — сигарета» был сломан единственным моментом осознания.

Эта женщина была порабощена целой системой телесных и эмоциональных стереотипов поведения, в основе которых лежало свойственное многим людям стереотипное представление о том, что единственный путь к личному счастью лежит через обретение семьи. Именно это верование и обрекло ее на страдания.

Вообще, самой распространенной, самой агрессивной и самой порабощающей формой стереотипов являются коллективные верования и идеологии — ведь, в отличие от бытовых, идеологические стереотипы поддерживаются теми, кто стремится управлять нашим сознанием. Скажем, одно из самых распространенных коллективных верований, поддерживающихся и Церковью, и государством, заключается в том, что каждый человек должен иметь семью, состоящую из одного мужа, одной жены и ребенка (детей).

Тем не менее я знаю много людей зрелого возраста, решивших не обременять себя семейными узами — и при этом совершенно счастливых.

Сегодня уже не редкость, когда женщины (да и мужчины тоже) сознательно отказываются заводить детей или вступать в традиционные браки, — идет поиск альтернативных семье стилей жизни. Аргументация, как правило, продиктована высокой степенью осознания ценности настоящего момента и звучит примерно так: «Сегодня мне это точно не надо, а завтра — кто знает? Если когда-нибудь я приду к тому, что для меня в этом действительно что-то есть, я смогу принять и трудности, связанные с этим, — будь то поздние роды или воспитание ребенка в одиночку».

Все чаще появляются слухи о вполне счастливых «нетрадиционных» семьях, где с одной или обеих сторон присутствует несколько партнеров, — речь идет именно о семьях, связанных повседневными хозяйственными, экономическими и воспитательными функциями, а следовательно, и стремлением быть вместе, то есть — любовью друг к другу. Очень часто толчком к созданию такой семьи расширенного типа является «неверность» одного из супругов и последующее осознание того, что он любит обоих (обеих) своих партнеров. Иногда ему удается убедить в достоинствах такого союза другую половину (что, конечно же, труднее, поскольку другая половина выступает в роли «теряющей» и, по общественным понятиям, «обиженной») и воссоздать семью уже в расширенной форме.

> Однажды мне пришлось консультировать женщину — убежденную христианку, имеющую проблемы в семье. Как это часто бывает, женщина ушла в религию в момент, когда очень нуждалась в поддержке, но так и не нашла ее вокруг себя.
>
> Момент же этот наступил тогда, когда она обнаружила фотографии, запечатлевшие ее мужа в недвусмысленных позах со своей любовницей, — иллюзии о целомудренном браке рухнули в одночасье.
>
> Мы провели много бесед, в ходе которых удалось показать ей, что в то самое время, когда ее муж нарушал одни нормы религиозного поведения («не прелюбодействуй»), она нарушала другие, обижаясь на него («не носи камень за пазухой») и осуждая его пове-

дение («не судите, да не судимы будете»). Я также пытался подвести ее к мысли, что ее выбор религии был продиктован не столько осознанным поиском духовного пути, сколько проекцией собственной картины мира на религиозную основу.

Вскоре после этого она стала замечать среди братьев по вере проявления нечестности и лицемерия, которые не хотела видеть раньше. Ее активность пошла на спад, и она уже не была столь фанатичной в отстаивании определенных догм и канонов поведения. Через некоторое время она даже призналась в том, что теперь ходит на собрания скорее из желания найти свой круг общения и изучить Библию, чем из стремления приобщиться к «истинной вере». С ролью «второй жены» она тоже постепенно смирилась — ведь муж не прерывал своей связи, но и не уходил из семьи, продолжая содержать ее и ребенка. И хотя в чистом виде «расширенная» семья не состоялась, основы для такого решения были заложены.

Самый тяжелый момент в работе психолога с подобной проблемой — убедить консультируемого в том, что можно преодолеть стереотипные представления о необходимости иметь «семью как у людей», обильно сдобренные религиозной моралью, вроде: «Тот, кто живет с прелюбодеем, прелюбодействует сам». Ведь счастье, в отличие от общепринятых стереотипов и идеологических предписаний, может принимать разные формы.

Стремящемуся к обретению Качества Находчивости не по пути с идеологами, поскольку он знает, что любая идеология — всего лишь ловкий фокус для направления нашей энергии в нужное управляющим русло, которое вовсе не всегда совпадает с руслом наших желаний или нашего будущего успеха.

Институт традиционной семьи с одним мужем и женой и большим количеством детей греет душу старшему поколению, всегда выступающему за «соблюдение традиций». Традиционная семья выгодна и государству, и крупному капиталу — ведь благодаря ей увеличивается приток рабочей силы, увеличивается конкуренция за рабочие места, а следовательно — усиливается эксплуатация. Неудивительно, что и государство, и поддерживаемая им церковь всячески выступают за «сохранение общественной нравственности» (советское государство даже поддерживало рождение детей экономически так называемым «налогом на бездетность»). Однако так ли уж нужна семья сегодняшнему поколению?

Люди, бессознательно воплощающие в жизнь библейский призыв «плодитесь и размножайтесь», не склонны задумываться о том, что ситуация на Земле за две тысячи лет изменилась в сторону перенаселения и вряд ли Господь повторил бы свой призыв, сойди он на Землю в наши дни, — впрочем, как и многое другое, имеющее ценность лишь в пределах конкретных культурно-исторических условий...

Вполне возможно, что сегодня долг человека перед планетой скорее бы заключался в отказе от семьи как среды для деторождения, что, помимо всего прочего, доставило бы ему лично больше радостей в обучении и карьере, в сэкономленных на личные нужды деньгах и в безопасном сексе. На это указывают и возросшие требования современного человека к качеству жизни, и близость современной науки к решению проблемы бессмертия на основе генной инженерии. Однако сила инерции бессознательного слишком велика для большинства людей, не умеющих мыслить категориями собственного позитивного желания, и потому они вновь и вновь возвращаются к освященным веками стереотипам.

Характерно, что традиционная семья в первую очередь порабощает именно женщин — ведь их, как известно, больше и им труднее конкурировать друг с другом в поисках постоянного достойного партнера. Кроме того, традиционная семья переносит механизмы управления, существующие в обществе, на семейный быт, где патриархом является мужчина, который может властвовать над женщиной, при этом оставляя ей возможность властвовать над детьми. Однако, если мы уже решили, что не хотим ни над кем властвовать, семья в традиционном ее понимании уже не является единственно возможным стилем жизни для любящих друг друга мужчины и женщины.

В странах с психологически развитым населением, где женщины ощущают себя более эмансипированными, институт семьи переживает кризис, выражающийся в росте числа разводов и падении числа вновь заключенных браков. Особенно ярко этот кризис проявляет себя в странах, где женщины получают высокие социальные пособия на ребенка, — именно там все большее число матерей предпочитают рожать в одиночку, а то и вовсе отказываются от родов. Характерно, что население этих стран меньше подвержено воздействию идеологий и коллективных верований.

Другой формой эмансипации женщин является отказ рожать детей или стремление перенести их рождение на более поздние сроки. Ведь в этом случае возможно более полно удовлетворить личные потребности в свободной любви, карьере и успехе.

Кстати, те, кто решился завести детей не столько из собственного осознанного желания ежедневно дарить им свою любовь и заботу, сколько из страха оказаться непохожими на остальное общество или подвергнуться его осуждению, часто неосознанно заключают себя в рамки и других стереотипов — уже воспитательных. Ведь образование и наука — тоже формы власти, ибо они создают свои собственные авторитеты и идеологии. Кому не известны факты многолетних заблуждений, подкрепленные авторитетными для своего времени научными высказываниями?

Некий французский академик в средние века заклеймил идею о том, что «камни могут падать с небес», чем надолго остановил развитие астрономической науки. В одном ряду с подобными явлениями можно поставить и преследования генетиков, и повальное увлечение медиков 60-х операционными вмешательствами там, где можно было ограничиться мягкими формами лечения.

Основополагающим коллективным верованием для людей, верящих науке больше, чем себе, является Миф о том, что Наука знает все. Однако наука постоянно развивается и часто меняет свои воззрения на противоположные. Иногда правильнее доверять собственной интуиции — во всяком случае, когда это касается таких важных для твоей жизни вещей, как воспитание ребенка или его обучение.

Сегодняшняя наука считает, что обучение ребенка грамотности можно начинать не ранее чем с четырех лет — на этом основаны все методические рекомендации детских садов и школ; на этом построена концепция современной системы образования. Однако инертность этой системы, создававшейся веками, не учитывает того, что сегодняшние дети развиваются очень быстро и совсем не похожи на тех, которые жили даже десять лет назад, не говоря уже о других поколениях. И потому многие новаторы, доверившиеся своей интуиции и здравому смыслу, кое в чем переплюнули академиков с министерскими званиями и правительственными наградами.

Так, например, простой сельский агроном Василий Лищук утверждает, что он выучил своих детей читать и считать раньше, чем они... начали говорить. Более того, имея возможность сравнивать процесс обучения по своей игровой методике с традиционным школьным и детсадовским подходом (не путать с индивидуальным!), он заметил, что в этом возрасте процесс обучения идет гораздо быстрее. Находчивый агроном, как только его внучка научилась ходить, написал на карточках названия предметов вокруг нее и указывал ей на них, по многу раз повторяя названия и одновременно показывая ей карточки. Вскоре на просьбу «покажи мне это» малышка безошибочно находила нужную карточку. Разумеется, его находку ни за что не соглашались изучать чиновники от образования: кому интересно подрывать стереотипные представления, на которых люди получают годами зарплату, степени и звания. Ведь если все дети начнут учиться быстро, двенадцатилетняя система образования может никому не понадобиться, — и многие факты уже сегодня свидетельствуют в пользу этого.

Инертность мышления многих представителей старших поколений не в последнюю очередь объясняется их задержкой в развитии еще в детском возрасте. Между прочим, этому способствовало мнение, несколько десятилетий назад насаждаемое научными бонзами, что детей в младенческом возрасте следует поменьше приучать к рукам — чтоб не привыкали. Некоторые авторитеты доходили до того, что рекомендовали, когда ребенок плачет, проверить, сыт ли он, сух и здоров ли, после чего немедленно положить его обратно в кровать. Наши родители наверняка помнят времена, когда детей больше всего боялись «избаловать», а в воспитании больше всего ценили строгость. Мамы и бабушки, крепя сердце, обходили плачущее дитя стороной: нельзя, наука не велит.

А потом психологи все чаще стали сталкиваться с проблемой — многие взрослые комплексы берут начало из той самой «недоласканности» в детстве.

Более поздние исследователи опровергли положения строгого воспитания, доказав, что маленький и даже подросший ребенок может плакать или капризничать, испытывая эмоциональный голод, — он хочет получить от родителей выражение их любви через объятия. Поэтому детей в раннем возрасте следует как можно больше брать на руки, ласкать, хвалить, давать им свободу и поощрять их инициативы, отвечая на все их просьбы в два раза больше «да», чем «нет».

Доверяя авторитетам, а не себе, мы часто забываем о том, что наука тоже требует жертв — и этими жертвами часто становимся мы сами.

Впрочем, наука не создает столько стереотипов, как людской обиход, то есть, попросту говоря, — быт. Мы привыкаем ко многим вещам и не считаем нужным искать новые формы взаимодействия. Но если мы не хотим, чтобы наши отношения людьми деградировали, мы не должны забывать об этом.

Многие люди становятся рабами общепринятого стереотипа: «Получать лучше, чем отдавать». Однако недаром ведь сказано: «Бесплатных завтраков не бывает» — ведь если тебе кто-то приготовил завтрак или хотя бы заплатил за него, значит, ты сам дал ему власть над собой и надежду на то, что он когда-нибудь заберет назад свою плату. Будет ли эта плата удобна получающему, если ее форма и размеры не были оговорены заранее? Ответ зависит лишь от степени осознания получающего.

Следующий пример очень типичен, и потому я попытался описать его по возможности более развернуто.

Консультируя одного из клиентов Центра «Мерла», я столкнулся с проблемой несчастной любви — клиент находился в длительной депрессии из-за того, что его оставила любимая девушка. В ходе анализа их взаимоотношений выяснилось, что девушку не устраивало то, что ее партнер слишком несамостоятелен. Видя как ему, взрослому мужчине, стирает и готовит мать, она предложила ему проявлять больше инициативы в хозяйственных делах, уверяя, что ему так будет лучше. Однако, поскольку она не настаивала на этом, клиент отказался от ее предложения, мотивируя это тем, что ему так удобнее. Вскоре они расстались по ее инициативе.

По ходу консультирования всплыла и другая проблема — клиент не чувствовал себя достаточно комфортно, находясь дома. Мать контролировала его местопребывание, круг друзей, быт. Попытки поставить ее на место выливались в скандалы, а затем сменялись примирением на почве чувства вины перед матерью — клиент не хотел казаться плохим сыном, и по-человечески это было вполне объяснимо — ведь он зависел от матери практически во всем, как же он мог отплатить ей за это черной неблагодарностью, расстраивая ее?

На очередной сессии всплыла еще одна любопытная деталь: хотя временами клиент неплохо зарабатывал, денег у него мать не брала, мотивируя это тем, что ему нужно помогать разведенной жене с маленьким ребенком, — однако при случае не преминула напомнить, что она очень много для него делает и рассчитывает на встречное отношение.

«Встречное отношение» заключалось в том, что клиент должен был докладывать ей, куда и зачем он идет (это часто приводило к скандалам, потому что мать могла позвонить всем знакомым, разыскивая его, что приводило взрослого сына буквально в бешенство), отчитываться, сколько он зарабатывает (эта информация использовалась для манипуляций типа: «У тебя сейчас мало денег — не давай мне на питание, лучше отвези жене», а во время ссоры становилась непробиваемым аргументом: «Это ты у меня на иждивении, а не я у тебя!»), кушать то, что она готовит («Я же для тебя это приготовила — неужели ты это не съешь?»), и при этом толстеть (мать предпочитала готовить каши и картошку).

Клиент был очень удивлен, когда я сказал ему, что на месте его девушки любая другая поступила бы точно так же — кому нужен человек, не умеющий себя обслужить?

«Но она же не настаивала на этом, она говорила, что так будет лучше только мне самому», — заупрямился клиент, в ответ на что я посоветовал ему однажды самому себе приготовить пищу и посмотреть, что из этого выйдет.

На следующую сессию он пришел слегка ошарашенным — было видно, что в привычном течении его жизни что-то сломалось. После того как его попытка приготовить себе пищу вызвала бурное противодействие со стороны матери, он неожиданно осознал, что ссора была вызвана на этот раз не проявлением «его неблагодарности», а реальной попыткой выйти из-под ее опеки. Он тут же увидел нежелание матери менять существующее положение вещей и понял, что именно оно и было причиной его внутреннего дискомфорта. Ведь, принимая ее услуги, он фактически давал согласие и дальше находиться под ее контролем; мать же не хотела терять влияние на него и ради этого была готова и дальше его обслуживать.

«Моя ближайшая задача — научиться жить самостоятельно, даже если для этого мне придется разменять квартиру или иметь отдельную полку в холодильнике и раздельный бюджет», — уверенно заявил он, хотя на тот момент его заработки сильно упали и он далеко не так был обеспечен материально, как раньше. Его несколько смущали трудности новых для него дел (уборка, стирка, глажка, приготовление пищи), однако он был полон решимости освоить их для себя сам, чтобы не давать своей матери больше повода для манипуляций. С этого времени он стал обслуживать себя и готовить себе постоянно, что дало ему моральное право пресекать поползновения матери вмешиваться в его жизнь, невзирая на ее обвинения в грубости и непочтительности. А депрессии с тех пор и след простыл.

Приведенный пример отражает слом сразу нескольких устоявшихся в обществе стереотипов — условностей относительно «женского» и «мужского» труда, а также взаимоотношений «хороших» детей со своими родителями. Впрочем, даже если бы наш герой отошел от «детских» стереотипов поведения и убедил мать брать деньги, выполняя предписанную ему «мужскими» стереотипами функцию, это могло бы стать поводом для встречных манипуляций уже с его стороны («Я же даю тебе деньги, значит, ты должна...») или же для ее манипуляций, но уже на новой основе («Вот если бы ты давал мне больше денег, я бы готовила тебе не каши, а отбивные!»).

Истинно партнерскими отношениями можно назвать только те, которые свободны от стереотипов, где каждый делает для другого лишь то, что хочет и пока хочет, но не далее и не более того. При таких отношениях никто не навязывает другому своих услуг и не ждет их от другого, ибо каждый открыт к возможностям нового творчества, основой которого является поиск своего пути. Условием же для такого творчества будет опять-таки качество Находчивости.

В семье близких друзей традиционный стереотип взаимоотношений, существовавший годами (муж — добытчик, жена — домохозяйка), был сломан буквально в одночасье: уставший тянуть армейскую лямку муж несказанно обрадовался, когда у жены появилась возможность устроиться на сопоставимую с его прежними доходами работу. Он тут же уволился в запас и стал рьяно осваивать новинки кулинарии — роль жены становилась все более «обучающе-вспомогательной». Через некоторое время для детей стало очевидным, что папа на кухне ничем не уступает маме, а некоторые блюда готовит даже лучше, чем она.

Один из основных признаков находчивости — особые отношения со временем. Только подверженный стереотипам человек «не знает, как убить время». Человек же находчивый всегда найдет способ использовать время, «освободившееся» от «обязательных» схем времяпрепровождения, для расширения поля своей деятельности. Ведь корень находчивости — в глаголе «находить», а чтобы найти — нужно искать.

Мой коллега по бывшей работе, попав под сокращение в смутные времена первых лет независимости, инфляции и перестройки, но успев до этого закупить по еще «советским» ценам стройматериалы для дачи, сказал жене: «Сейчас найти что-то стоящее для инженера — бессмысленно. Так что зарабатывай пока ты — у тебя это лучше получается, а я уйду в лес — дачу строить, пока материалы не разворовали, — все равно там торчать, раз на сторожей да на строителей не накопили. Только поесть привози».

Построив шалаш возле новостройки и обложившись книжками по архитектуре и дизайну, он за полгода выстроил кирпичик к кирпичику настоящие хоромы, которые позднее они продали за хорошие деньги. «Я б за это время ни на одной работе столько не заработал — да и работягам пришлось бы дороже платить, а они б так, как я для себя, не сделали!» — похвалился он мне. Кстати, тут ему вскоре и работа подвернулась.

Другой пример находчивого обращения с возможностями заработка продемонстрировал в своем рассказе основатель известного в странах СНГ лицея «Гранд» Владимир Спиваковский:

«Пять лет назад, когда дела в фирме шли очень плохо и ожидать денег было неоткуда, я остался на мели без оптимистических прогнозов. Я сказал себе: последнее, что я могу сделать, — это дать сам себе заказ на книгу-бестселлер и самому его выполнить. За 60 ночей я ее написал и за 20 дней — издал. Запланированную программу я выполнил. Деньги пришли» (журнал Блиц-каталог 059, май 2000 года).

В нашей жизни всегда есть пространство для самых важных и перспективных занятий, но увидеть его способен лишь тот, кто не старается занять свое время общепринятыми вещами и не тратит силы на то, чтобы достигать своего общепринятыми способами.

Как видим, Находчивость можно проявлять в разных областях — в организации собственного быта, в творческом поиске работы или способа зарабатывать деньги; в умении заинтересовать других людей или прервать нежелательные контакты; в процессе создания собственных жизненных ценностей и при выборе способов личного роста.

Даже когда возможности для проявления Находчивости *еще не видны*, бывает полезно вначале размягчить *действующие стереотипы. Вполне* возможно, что вы найдете новое ощущение жизни и откроете в нем больше радости, чем в том, которому следовали прежде.

Практикум 4
ТРЕНИРОВКА НАХОДЧИВОСТИ, ИЛИ РАЗРУШЕНИЕ СТЕРЕОТИПОВ

Упражнение 1

Начнем с мелочей. Переставьте, если есть возможность, в комнате мебель; поменяйте положение кровати или хотя бы лягте головой в другую сторону. Ну как? Совсем другое ощущение жизни! (Что, не понравилось? Не спешите расстраиваться, попробуйте привыкнуть. В крайнем случае через пару дней вернете все, как было.)

Теперь давайте проследим, к чему привыкло ваше тело. Сядьте нога на ногу. Вы всегда так сидите? Поменяйте ноги. Неудобно? Постарайтесь посидеть еще немного, пока не привыкнете. Если положение ног для вас уже не имеет значения, попробуйте подтолкнуть себя к изменениям в чем-то другом. Например, скрестите руки на груди, а затем поменяйте их местами. Или переплетите пальцы и зафиксируйте, большой палец какой руки у вас оказывается сверху, а затем сделайте так, чтобы он оказался внизу.

Упражнение 2

Как вы отвечаете на звонок по телефону? В следующий раз попробуйте ответить иначе. И, кстати, не поленитесь прижать трубку к другому уху.

Понаблюдайте за собой и в других мелочах: вспомните, в каком порядке вы моете тело, готовите еду, делаете уборку. Попробуйте в следующий раз это сделать иначе — например, другой рукой или хотя бы, для начала, в другом порядке. Можно также начать делать то, чего вы раньше никогда не делали, — или то, что за вас делали члены вашей семьи.

Только ежедневное наблюдение себя и самоосознание поможет очистить ваш ум от стереотипов.

Упражнение 3

Вспомните, какие чувства или ощущения должны возникнуть у вас, чтобы вам захотелось: а) покурить; б) выпить; в) пообщаться с друзьями? Отследите их и постарайтесь зафиксировать. Если эти чувства сопровождаются негативными ощущениями, понаблюдайте за ними, пока они не пройдут или не видоизменятся. Теперь выполняйте задуманное или откажитесь от него.

Упражнение 4

Как вы относитесь к людям, нарушающим в вашем присутствии известные вам стереотипы поведения? Что вы чувствуете, когда в вашем присутствии а) едят руками; пьют из бутылки вино или водку; б) неряшливо или безвкусно, *на ваш взгляд*, выглядят; в) ругаются матом; г) кричат; д) пристают к вам; е) проходят, оттолкнув вас и не извинившись? Постарайтесь вспомнить ситуацию, где вы или близкие вам люди поступали точно так же.

Упражнение 5

Составьте список стереотипов и ежедневных обязанностей, которые тяготят вас. Сюда может войти, например, необходимость каждый день бриться или готовить обед, делать зарядку или вовремя приходить на работу.

Проанализируйте, что может случиться, если сегодня или завтра вы не последуете этому стереотипу. Подготовьте весомую причину для себя и для других, чтобы ему не следовать. Если вы зависимы от других, подготовьте как можно больше аргументов, чтобы убедить их в пользе задуманного. (Например, один раз в неделю можно не готовить еду домашним, убеждая их поначалу в том, что при здоровом образе жизни ежедневное питание приготовленной пищей вредно, — или стимулируя их готовить себе самим.) Поставьте себе задачу заменить существующий стереотип, или хотя бы на первых порах *расшатать* его, следуя ему реже, чем раньше, — но эффективнее и качественнее.

Упражнение 6

Подумайте, как бы вы смогли добывать средства к существованию и в каком объеме они были бы вам необходимы, если бы вы: а) не имели семьи; б) потеряли бы работу или источник дохода; в) изменили бы образ жизни; г) сменили бы профессию?

Упражнение 7

Что означает *лично для вас*: а) иметь супруга; б) иметь детей (если у вас их еще нет); в) иметь работу, которой вы сейчас занимаетесь; г) иметь политические или религиозные убеждения.

Разделите лист бумаги поперек на две части. С правой стороны напишите аргументы в пользу этого выбора, с левой — против него. Старайтесь быть честным с собой, не применяя аргументов типа: «Это полезно обществу» или: «Я верю, что это хорошо и правильно». Выбирайте аргументы, значимые только с точки зрения вашего *личного* выигрыша или потери (*например, с правой стороны может стоять: «Я посещаю религиозную общину, потому что там не скучно и можно пообщаться с другими людьми»*, а с левой: *«Это отнимает слишком много времени и зацикливает меня на одних и тех же людях и убеждениях»*). Теперь сопоставьте левую и правую части списка, сравните количество аргументов «за» и «против» и сделайте выводы.

В случае, если количество аргументов «против» по одному из предыдущих пунктов перевесило аргументы «за», придумайте и исследуйте таким же образом как можно больше альтернативных вариантов поведения. Для этого сначала запишите любые, даже поначалу кажущиеся абсурдными, идеи на лист бумаги. (Например: «Поскольку сейчас моя работа тяготит меня, я могу: а) бросить ее и пожить некоторое время на иждивении у родственников; б) купить более дешевое жилье и жить или обучаться новой профессии на разницу в цене; в) взять в долг; г) добиться перевода или повышения; д) уйти в отпуск» и т. д.). Затем продумайте каждый из записанных вариантов и вычеркните очевидно бесперспективные или на сегодняшний день невыполнимые. Оставшиеся варианты проанализируйте подобным способом каждый в отдельности, а затем — совмещая один с другим в разных комбинациях. Запишите для себя все комбинации, оказавшиеся наиболее привлекательными, чтобы использовать их, как только вы почувствуете необходимость.

Если стереотипы больше не затуманивают ваше воображение, то ваша жизнь готова впустить в себя больше энергии творчества. Однако, чтобы закрепить успех, необходимо проверить себя на прочность перед лицом того, что опутано наибольшим количеством стереотипов в человеческом сознании. Речь пойдет об энергии секса и денег, которая для большинства людей на всю жизнь так и остается непреодолимым или не до конца познанным искушением.

Об энергии секса и о преодолении наиболее типичных стереотипов, блокирующих ее течение, речь пойдет в следующей Ступени. А энергии денег будет посвящена Ступень, с которой начинается моя вторая книга.

Ведь мы не сможем почувствовать себя полностью находчивыми до тех пор, пока не научимся обращаться с тем, что должно служить дополнительным источником радости и творчества.

Ступень пятая
ОВЛАДЕЙ ЭНЕРГИЕЙ СЕКСА

> Каждое животное после сношения становится печальным.
>
> *Приписывается Аристотелю*
>
> Основой человеческого творчества является либидо.
>
> *Зигмунд Фрейд*
>
> У одинокой птицы пять признаков.
> Первый — она летит выше всех.
> Второй — ее клюв направлен в небо.
> Третий — ей не нужна компания, даже из ее товарищей.
> Четвертый — она не имеет определенной окраски.
> Пятый — она поет очень нежно.
>
> *Сан-Хуан де ла Крус, «Сказки о любви и свете»*

ДЕВИЗ СТУПЕНИ

Не заботься о	Думай чаще о	Развивай в себе качество
целомудрии — это не более чем золотая клетка, которую мы придумали из страха перед своей природой	*жизненной силе*	*активности*

Каждый человек, достигший в жизни чего-либо ценного, обладал Качеством Активности. Основой Качества Активности является наша жизненная сила, которой у одних хватает на то, чтобы заражать идеями своего дела многих, в то время как другие не имеют ее в достаточном количестве даже для себя. На определенном этапе нашего развития жизненная сила выражает себя преимущественно в форме сексуальности, и если на этом этапе мы не войдем с ней в контакт и не позволим ей выразиться в той форме, которую она требует, жизненная сила надолго покинет нас и может больше не вернуться.

Конечно же, Качество Активности не сводится исключительно к поиску сексуальных приключений. И тем не менее жизненная сила большинства людей, как мы убедимся далее, прежде чем идти на спад, демонстрирует свою несостоятельность именно в области секса. И потому в этой ступени я рассмотрю Качество Активности через призму полноценности сексуальной жизни. Ведь прежде чем человек не разберется и не научится управлять механизмом своего «основного инстинкта», природа не даст направить ему энергию ни на что другое.

Общественные предрассудки и ложные стереотипы поведения связывают прежде всего первичное, биологическое проявление Качества Активности — сексуальность. С самых ранних времен человеческой истории сексуальность несла на себе печать греха. Однако и наше бурное время, раскрепостившее нравы в этой области, не добавило ясности в извечном половом вопросе, хотя и породило новый, противоположный прежнему стереотип сексуального поведения. Как средневекового, так и современного человека бросает от крайностей неуемной реализации своей страсти к не менее яростному ее подавлению; как в прошлых веках, так и в новом тысячелетии мы пытаемся понять, что лучше — моногамия или полигамия, семья или свобода, верность одному или параллельные отношения со многими, в простодушии народном названные изменой; наконец, может ли самоудовлетворение либо воздержание быть полноценной альтернативой общению полов и в каких случаях этот выбор является единственно верным?

Мы не сможем разобраться ни в этом, ни в других вопросах собственной реализации, если хотя бы на миг забудем о центральной идее этой книги — развитии человека. Именно поэтому ответ на все вопросы один: *панацеи не существует — все зависит от ступени сознания, на которой мы реально (а не в своем воображении) находимся.* Для одного шагом вперед будет погружение в сексуальность в самых неприличных и распущенных формах, с точки зрения стереотипов, сложившихся в обществе. Для другого вполне подойдут рецепты самоудовлетворения либо воздержания, известные веками, — в войне и любви все средства хороши. Однако, прежде чем перейти к практическому описанию ступеней развития нашей сексуальности, попробуем разобраться в ее сущности.

Сексуальность является основой активности всего живого. Природа часто выносит силу сексуального наслаждения на первое место, иногда пренебрегая даже законами самосохранения.

Науке известны некоторые виды тропических пауков, самки которых пожирают самцов после коитуса. Многие виды насекомых живут ради того, чтобы совершить «это» единственный раз в жизни — и умереть. Даже голодные животные часто отказываются от немедленного утоления голода в пользу реализации полового влечения.

> В свое время у нас в семье жила подаренная некогда клиентом-миллионером длинношерстная, голубоглазая бирманская кошка — всеобщая любимица.

Разумеется, мы, как могли, удовлетворяли все ее потребности — кроме самой естественной. Однажды она выпрыгнула из окна третьего этажа — и исчезла. Мы долго искали ее, горюя о пропаже и беспокоясь о ее неприспособленности к дикой уличной жизни, пока соседи не доложили, что видели ее около мусорника в соседском дворе.

Отправившись с сыном по указанному адресу, мы увидели ее, тощую, чешущуюся и невероятно ободранную, но как никогда веселую и жизнерадостную, в окружении шести или семи самого разгильдяйского вида дворовых котов — вероятно, для них она была чем-то вроде юной мулатки в сельском борделе. На призывы вернуться домой наша Миги даже не отреагировала, гордо проигнорировала вкусные приманки и пшикнула, когда мы попытались подобраться к ней поближе.

«Не горюй, — сказал я расстроенному потерей сыну, — она выбрала свободу».

В отличие от животных, человек может использовать свою половую силу не только для деторождения и наслаждения, однако и он не может перепрыгнуть через этап животной сексуальности в своем развитии. Иллюзия понимания собственной сексуальной природы делает сегодняшнюю степень свободы у многих людей гораздо ниже, чем у большинства животных. Если на высших стадиях своего развития сексуальность вплотную подходит к чувству любви и постепенно перетекает в него, то у неразвитого в сексуальном отношении человека сексуальное влечение настолько тесно переплетено с чувством вины (причем он даже не догадывается об этом!), что остается только удивляться тому, что оно все еще продолжает приносить ему удовольствие.

Правда, у таких людей после коитуса, к которому они часто стремятся любой ценой, дабы отвлечься от внутреннего дискомфорта, наступает краткий момент истины, когда подавленное с помощью более сильных сексуальных ощущений начинает выходить наружу. Не в этом ли смысл изречения Аристотеля, взятого в эпиграф?

Отсюда следует, что тактика по развитию собственной сексуальной природы весьма проста — необходимо расплести сексуальность и навязанные в процессе воспитания идеи о ее греховности, высвободить ее в чистом виде и вдоволь наиграться, насладиться ею, чтобы затем перейти к построению более тонких, *любовных* стадий человеческого взаимодействия.

Итак, ниже сексуальности находится чувство вины, которое мешает нам проявить ее, а выше — любовь, к которой мы все стремимся. Чтобы не спутать, где мы сейчас находимся, давайте сразу договоримся: в чистом виде сексуальности как началу животному необходимо как можно большее число партнеров и опыта; любви же, как венцу наиболее полно выраженной сексуальности, необходим, как правило, только один партнер (хотя и здесь, как мы знаем, возможны исключения). Но только давайте будем готовы принять нашу нынешнюю природу такой, какая она есть, без прикрас, — иначе нам никогда не выбраться из замкнутого круга собственных проблем.

Как и энергия наших чувств, о которой мы будем говорить позднее, сексуальность каждого человека претерпевает три стадии развития: подавление (с помощью уже знакомого нам чувства вины), выражение (где мы впервые получаем возможность прикоснуться к сексуальной форме Качества Активности, не заслоняясь от нее рассуждениями о нравственности или браке) и трансформация (с помощью Любви). Повторюсь, что мы не сможем выработать в себе Качество Активности, пока не определим, на каком этапе развития своей сексуальности мы находимся сейчас и к какому хотим двигаться, преодолевая свойственные своему этапу трудности и проблемы. Для этого попытаемся рассмотреть каждый из этапов сексуальности поочередно, вместе с его трудностями и проблемами.

Поскольку в нашем обществе пока еще достаточно сильно влияние стереотипов, осуждающих сексуальность, каждый начинает движение к осознанию своей сексуальности со стадии подавления.

Исключение, очевидно, составляют те, кто прошел уроки этой стадии, как сейчас модно говорить, в предыдущих воплощениях, — но почувствовать это могут только они сами.

Итак, что есть *стадия подавления* собственной сексуальности? Стадия подавления есть неспособность увидеть свою сексуальную потребность *отдельно* от других потребностей (в семье, детях, любви, ласке, желании общаться и т. п.) и предпринять шаги для удовлетворения *именно этой* потребности. Решение всех проблем этого этапа, если человек идентифицировал себя как находящегося на нем, сводится только к одному слову: разрешить. Разрешить себе делать все, что ты хочешь и с кем ты хочешь, невзирая на то, что об этом могут подумать другие, и не чувствовать себя при этом виноватым.

Большинство людей в ситуациях, когда следует сказать: «Я хочу тебя», почему-то говорят: «Я тебя люблю». Хуже всего, однако, то, что они в самом деле в это верят. Иногда именно поэтому большая часть прекрасных иллюзий развеивается после медового месяца или сразу же после первых встреч.

Подавляющие свою сексуальность как будто застряли во времени: их не вразумили ни сексуальная революция семидесятых, ни бум порнографии и проституции, ни информационные кампании о сексуальной жизни. Однако даже если вы позволяете себе все и со всеми, это не всегда означает, что стадия подавления для вас уже отработана. Возможно, что ваше чувство вины за свои желания не достаточно велико, чтобы запретить вам делать это, — но оно вполне достаточно для того, чтобы отравить вам удовольствие от своих сексуальных проявлений, заталкивая вас во всевозможные уловки оправданий и лжи.

Как сказал один из участников недавнего тренинга по проблемам секса, который проходил в Центре «Мерла»: «О какой нормальной половой жизни может идти речь, если мы то и дело с самого детства слышим: „Не трогай писю!"»

Проблема большинства людей, находящихся на первой стадии развития сексуальности, заключается в том, что они настолько привыкли «не трогать писю», что теперь ее даже не замечают — или же придают ей чрезмерно большое значение.

Люди, застрявшие на стадии подавления своей сексуальности, зачастую остаются одни либо имеют несчастливое супружество (сожительство), не получая достаточного удовлетворения в первую очередь именно в сексуальном плане. Изменить свой выбор, дополнить его или уйти им препятствуют «хорошее воспитание» или собственная нерешительность. В этом случае сексуальность подавляется до такой степени, что они становятся неспособны увидеть ее отдельно от других потребностей (в семье, в любви, материальной поддержке и т. п.) и часто впадают в депрессию, не видя выхода из своего положения («Уйти? Но я не имею работы, чтобы содержать себя и детей»), вместо того чтобы разрешить себе удовлетворить свои потребности в чисто сексуальной плоскости (Поменять партнера? Изменить? Исследовать свои потребности с помощью мастурбации? Научить супруга или сожителя другому стилю сексуального поведения?). Перекладывание ответственности за свою неудовлетворенность на сексуального партнера приводит к обидам («Я все для тебя делаю, а ты не даешь мне того, чего я хочу»), что ухудшает и без того напряженные взаимоотношения либо порождает сомнения в собственной нормальности («Я, наверное, какой-то (какая-то) ненормальный — хочется не то, чего мне дают»). Если сексуальные отношения такого человека все-таки прекращаются, он подолгу остается один, будучи неспособным найти замену своему партнеру из страха перед еще большей травмой, либо поскорее стремится любой ценой связать себя новыми, часто такими же некачественными узами.

Поскольку находящийся на первой стадии развития сексуальности чаще всего запрещает себе получение разнообразного сексуального опыта либо получает его, но, обремененный чувством собственной «плохости» и ощущением вины, он зачастую склонен оценивать свою сексуальность, только опираясь на мнение своего (как правило, такого же недовольного или неполноценного) сексуального партнера. И потому проходящий стадию подавления не имеет сформировавшегося в результате разрешенных себе экспериментов сексуального поведения, которое помогло бы достичь удовлетворения как ему, так и его партнеру; зато имеет низкую самооценку и не верит в свою сексуальную привлекательность. К тому же на стадии подавления очень сильны всевозможные предрассудки, подпитываемые с помощью идеологических и моральных стереотипов, которые часто использует один партнер в целях управления другим. В ходе консультаций такие люди часто заявляют: «Я никому не нужна (не нужен)», но страшно возмущаются, если их спросить: «А вы пробовали предложить себя кому-то помимо своего супруга?»

Особенно преуспевает наше общество в подавлении женской сексуальности. Ведь общественные законодатели и морализаторы — мужчины у власти — по вполне понятным причинам не желают эмансипации женщин в этом вопросе. Любой общественный стереотип, осуждающий сексуальность вообще, прежде всего осуждает раскрепощенных в сексуальном отношении женщин, все-таки оставляя мужчинам немного больше свободы для выражения и реализации своего влечения. Мужчина может хвастаться разнообразием своего опыта, в то время как женщина его скрывает; мужчина может позволить себе агрессивное ухаживание, в то время как женщине, желающей оставаться в рамках «приличного» поведения, позволяется лишь принимать или отвергать его. Как заметила одна американская юмористка: «Почему они не воспринимают нас так, как мы их? Почему они сбегают от меня, как только я им на пятой минуте встречи заявляю: „Хватит время на разговоры терять — трахаться-то когда пойдем?"»

Вполне естественно, что на протяжении большей части новой истории сдержанность женщины в смене партнеров была обусловлена не только общественной моралью, но и инстинктивно-биологическими причинами: ведь случись что — рисковать при абортах жизнью и здоровьем, а то и вынашивать, рожать, воспитывать (а иногда и содержать ребенка) приходится женщине. Первый расцвет женской сексуальности не случайно пришелся именно на XX век: ведь именно тогда началось широкое применение контрацептивов — впрочем, ни один из них не дает стопроцентной гарантии и не избавляет от желания когда-нибудь родить ребенка — то есть остается зависимость от стереотипа создания семьи, а значит, и от мужчины. А вот что будет в недалеком будущем, когда вынашивать детей всем желающим можно будет в инкубаторе, а матери останется только помещать туда свою яйцеклетку? Если у женщин появится возможность стерилизоваться еще при рождении? Тогда, скорее всего, биологически обусловленная осторожность отпадет окончательно. Между тем многие футурологи считают, что истинный расцвет женской сексуальности еще впереди. *Сексуальная революция 60-х покажется просто детским лепетом по сравнению с сексуальной революцией будущего: ведь в следующий раз ее инициируют женщины, освобожденные от необходимости платить трудностями абортов, беременности и родов в одиночку за удовольствие обоих полов. И не случайно многие сегодняшние мужчины начинают перенимать исконно женские психологические качества: робость, застенчивость, нерешительность — мы входим в новый виток спирали эволюции взаимоотношений полов, и потому мужчины повсеместно начинают переходить в оборону.*

Мужчинам есть чего бояться — природа наделила женщину большей сексуальной силой из-за ее ответственности за будущий род. Женщина естественным способом может удовлетворить гораздо большее число мужчин, чем мужчина — женщин. И веками подавленная женская сексуальная сила уже начала пробуждаться. Правда, не вполне идентифицировав себя как женское проявление, сексуальность женщины, подобно начинающему курить подростку, иногда просто слепо копирует линию проявления сексуальности мужской.

Газеты все чаще пишут о том, что мужчины становятся жертвами изнасилований. А в книгу рекордов Гиннесса уже занесено достижение американки, переспавшей за сутки с 251 партнером, — и ее рекорду уже угрожают новые претендентки.

Впрочем, если мы отставим в сторону анализ тенденций и прогнозов, то неизбежно придем к выводу, что сексуальность большинства нынешних женщин из постсоветских государств так же далека от планки упомянутой рекордсменши, как далек массовый футбольный болельщик от звания мастера спорта по футболу.

Чувство вины за естественные потребности и даже за некоторые органы нашего тела, внушаемое нам с детства, препятствует увидеть свое естество таким, какое оно есть, — и потому мы прячем его в красивые слова, намертво сплавляя обычное сексуальное влечение с потребностью в любви, в создании семьи и в продолжении рода. Безусловно, такие потребности существуют, — но как же мы распознаем потребности более высокого порядка, если мы не способны признаться себе в нереализованных низших влечениях? Не потому ли у нас так много измен и разводов, трагедий на почве неразделенной «любви» и завышенных требований к партнеру? Между прочим, на островках, далеких от влияния цивилизации, где влечение называется влечением, а семья — семьей, семьи значительно крепче, чем в остальном мире, хотя в понимании так называемого цивилизованного человека тамошние жители гораздо «распущеннее» нас.

Известные своей сексуальной раскрепощенностью нудисты имеют некоторые фирменные особенности полового воспитания: во многих семьях все поколения бродят по дому абсолютно голыми. Однако статистика утверждает, что дети нудистов начинают половую жизнь, как правило, позже своих менее эмансипированных сверстников и проходят стадию полового созревания менее болезненно. Что вполне объяснимо — человек, с детства «видавший все», никогда не начнет половую жизнь просто из любопытства.

В знаменитом фильме Милоша Формана «Народ против Ларри Флинта», прототипом героя которого является известный в США издатель порнографического журнала, главный герой примерно так говорит об отношении общества к сексу:

«Разве не абсурдно, что показ и описание убийства людей в газетах и по телевидению не считается безнравственным, а показ процесса зарождения жизни называют порнографией и преследуют? Если запретить одно и разрешить другое, общество станет гораздо здоровее».

Не слишком ли смел в своих рекомендациях человек, заклейменный идеологами общественной морали? Однако факты, собранные этнологами, свидетельствуют в его пользу.

В некоторых далеких от цивилизации индейских племенах Центральной и Южной Америки практически нет разводов — браки моногамны и сохраняются на всю жизнь. Интересно, что тамошние индейцы не стесняются заниматься сексом в присутствии детей.

Этнологам также известны некоторые африканские и полинезийские обряды в племенах, где готовящиеся вступать в брак юноши и девушки проходят обряд инициации с помощью... группового секса.

Каждую весну старейшины отбирают равное количество юношей и девушек из подрастающей молодежи по первым признакам половой зрелости. Они помещают их в одно помещение с лежанками по кругу и предписывают юношам каждую ночь переходить к следующей партнерше. К действу на правах участников досексуальных ласк допускается не достигший зрелости молодняк, стажирующийся в искусстве поцелуев и эротических прикосновений.

Старейшины верят: только получивший полное, оргиастическое наслаждение «животным» сексом без всяких внутренних (психологических) и внешних (общественных) ограничений способен отличить простой сексуальный опыт от ситуации, где было испытано «нечто большее». Именно поэтому после завершения круга вышедшие из помещения юноши и девушки должны объявить о своем выборе супруга — и те, чей выбор совпал, немедленно становятся мужем и женой; прочие же дожидаются очередного обряда до весны следующего года, чему отнюдь не рады. К слову сказать, белых туристов принимать участие в местных оргиях теперь не допускают ни за какие деньги, и правильно — ведь до их появления племена не знали венерических заболеваний.

В языке этих племен отсутствуют слова «развод» и «измена» — таких понятий здесь попросту не существу-

ет, поскольку браки не распадаются, а к адюльтеру здесь относятся — *ну, скажем, как к легкой форме впадания в детство*.

Цивилизованный человек — совсем другое дело. Он знает об окружающем мире значительно больше африканских аборигенов, но при этом выглядит по сравнению с ними младенцем с точки зрения познания собственной природы.

Если мы попытаемся наложить опыт «человека природы» на собственные проблемы в этой области, все станет ясным. Просто большинство взрослых людей сегодня находится в стадии подростковой реализации сексуального влечения — если бы в свое время мудрые старейшины провели нас через подобные обряды, большинство из нас уже к двадцати годам «остепенились» и не помышляли бы ни о каком ином сексуальном опыте, кроме того, что имеют. Однако общество устроено так, что взрослые до сих пор осуждают подростковую сексуальность и пытаются запрещать своим детям половую жизнь, вместо того чтобы с помощью открытого и доброжелательного обсуждения как можно скорее провести подростка через период «проб и ошибок».

Особое место в формировании подавляющих сексуальность стереотипов всегда занимала религиозная мораль. Причем в отношении к сексу едины все религии без исключения, хотя и здесь пальма первенства принадлежит христианству. Всему виной, очевидно, распространение письменности: слова просветленных учителей, обращенные к своим духовно развитым последователям, уже готовым *трансформировать* свою сексуальную энергию через период воздержания, необходимого для достижения просветленного состояния ума, стали достоянием толпы — а толпа поняла их по-своему. Христианские проповедники успешно преломляют любые духовные истины через уже знакомое нам чувство вины и непонимание реальных потребностей собственного этапа развития. Инстинкт управляемых заставляет их принимать навязанную отцами церкви слишком буквальную и догматическую трактовку многогранных законов космического развития.

Не надо винить просветленных учителей человечества в неприятии нашей сексуальности: они не давали для этого никакого повода. Христос предостерегал: «Слушайте голос Бога живого», то есть — устное слово. Конечно, если к вам во сне явился Христос и порекомендовал воздерживаться от супружеской измены или поиска сексуального партнера — это одно; но если вы прочли об этом в книге, записанной две тысячи лет назад со слов, сказанных совершенно другим людям в совершенно иной культурно-исторической среде, — это совсем другое. Да и потом, как насчет библейского: «Не сотвори себе кумира»? Каждый сам хозяин своей жизни и волен выбирать, как сделать так, чтобы ему было хорошо. И наконец, почему массы увидели в «не прелюбодействуй» призыв быть только с одним человеком? Ведь даже из самого строения фразы ясно, что речь идет всего лишь о рекомендации недопущения сексуальных излишеств, — ведь не расценивается же совет доктора «не переедать» как призыв перейти на питание исключительно гречневой кашей или всю жизнь есть из одной тарелки.

Специфика прохождения через первый этап — то есть движение от подавления своей сексуальности к ее выражению — заключается в том, что в его начале мы бываем слишком подвластны всяческим стереотипам и верованиям. Стереотипы заслоняют от нас природу нашего собственного желания. Под давлением такого рода все в равном положении — и девственница-однолюбка, терпящая насмешки от более искушенных подруг, и прожженный ловелас, замаливающий свои «грехи» перед женой или священником.

СТУПЕНИ СОЗНАНИЯ

Основным критерием для определения этапа, на котором находится развитие вашей сексуальности, является не ваше нынешнее сексуальное поведение (оно почти всегда слишком далеко от того, чего действительно хотите вы, и неоправданно близко к тому, чего хотят от вас другие), а *ясность вашего сознания*. Пока в нем существуют любые, даже противоречащие друг другу стереотипы — от «нельзя изменять любимым» или «у каждого человека может быть только один муж (жена)» до «настоящий мужчина не должен заниматься онанизмом» или «чем больше опыта, тем лучше» — вы, увы, подвластны подавлению. Пройти через эту стадию сможет лишь тот, кто научился слушать не только свой разум, но и тело, а еще лучше — чувства.

Большинство «цивилизованных» людей в силу неправильного понимания своих потребностей пробуждаются сексуально, в отличие от уже известных нам аборигенов, не *до*, а *после* создания семьи и рождения детей. Поэтому нет ничего удивительного в том, что издержки первой стадии (измены и разводы, вызванные поиском лучших или попросту *новых* партнеров) настигают нас тогда, когда, по общественным меркам, человек уже должен перейти во вторую (жить с самым лучшим для себя партнером или партнерами) или даже в третью стадию (превращать сексуальность в творческую энергию, ведущую к успеху).

Иногда спонтанный и, казалось бы, не обусловленный никакими внешними причинами возврат одного из партнеров к более ранней стадии сексуальности обнаруживает всю лицемерную гниль в фундаменте взаимоотношений, и тогда уже очевидно, что недостаточно мелкого ремонта, приходится разрушать все, что было создано, и строить заново.

> Женщина средних лет обратилась ко мне за помощью, видя свою проблему исключительно в плоскости профессиональной. Она, слывшая некогда хоро-

шим сотрудником, в какой-то момент оказалась на грани увольнения — результаты ее работы катастрофически снизились; общаться с людьми становилось все тяжелее. При упреках начальства все явственнее стало проявляться чувство собственной неполноценности и физический дискомфорт, ощущаемый как давление на грудную клетку и спину.

Я спросил у нее, как долго она живет с этими ощущениями и как давно они проявились у нее в первый раз. Однако она только разрыдалась в ответ... и надолго исчезла из моего поля зрения.

На следующей консультации, имевшей место через полгода (!), она призналась, что испытывает это ощущение всякий раз после неудачного (а другого она в своей жизни почти не знала) секса. Оказалось, что ее муж, будучи весьма слабым в половом отношении и не желая компенсировать эту слабость любовными играми, полностью подчинил собственным целям ее сексуальность, всякий раз обрушиваясь на нее после близости с упреками, что она делает все не то и не так. Его бешеная ревность и склонность к скандалам заранее внушили ей мысль о невозможности измены. Всякий раз, когда муж завершал половой акт, она только начинала входить во вкус, но поначалу не смела признаться в этом даже себе самой, опасаясь его упреков.

— Я иногда говорю ему, — плача, признавалась она: — хоть бы ты привел ко мне кого-нибудь, чтобы он завершил твое дело!

— Зачем вы перекладываете на него ответственность за то, чего хотите вы? Разве вы не в состоянии сами сделать то, о чем вы его просите? — спросил ее я.

— Я и так делаю... Мне стыдно признаться в этом, но я занимаюсь онанизмом после секса с мужем!

— Почему — стыдно? Я знаю многих людей, которые делают это. Разве лучше страдать от неудовлетворенности?

— Но ведь нормальные люди так не поступают!

— А разве те, кто прибегают к сексуальному насилию во имя того, чтобы любым способом обеспечить себе полового партнера, более нормальны, чем те, кто онанирует? Так вы, по крайней мере, никого не принуждаете к сожительству с собой и даже не упрекаете его в том, что он недостаточно хорош, чтобы вас удовлетворить.

Женщина задумалась. На следующей встрече она призналась в том, что, придя домой после консультации, впервые подумала о сексе без привязки к мужу — и сразу же начала раскрепощенно, как никогда, мастурбировать, получив от этого острое наслаждение.

Иногда мастурбация является выходом. Иногда выходом не является ни мастурбация, ни воздержание, ни измена супругу, ни регулярная половая жизнь — все зависит от наличия или отсутствия чувства вины за ваши сексуальные проявления. Оно может быть слишком велико — и тогда предмет вашего вожделения отделяется от вас стеной этого чувства и заслоняется им; и тогда вы не смеете ни просить о том, чего вы хотите, ни тем более делать что-либо для достижения этого, ни даже признаваться себе в своих желаниях. Проблема не в половых органах — напряжение там всегда можно снять с помощью другого человека или даже собственными руками, — проблема сидит в голове. Как говорил известный отшельник Диоген, любивший публично мастурбировать для того, чтобы лишний раз подчеркнуть свою независимость: «Вот если бы и голод можно было удовлетворить, потирая себе живот». То ли в шутку, то ли всерьез ему вторит американец Вуди Аллен: «Не говорите плохо о мастурбации. Это секс с по-настоящему любимым человеком».

Придя на консультацию снова, женщина заявила о том, что больше не получает от онанизма удовольствия, — и хотя постоянное и болезненное сексуальное напряжение спало, ей стало не хватать общения, ласки — словом, всего того, чего она никогда не получала от мужа в достаточном для нее количестве.

Разрушив в ее сознании стереотип о «безнравственности» мастурбации, мне стало легче разбить и второй — о «безнравственности» супружеской измены. Разрешив ее себе, она впервые получила возможность сравнивать отношение к себе мужа и других мужчин — и лишь тогда осознала, что всю жизнь многого лишала себя. Вскоре она пришла к выводу о необходимости развода, за которым последовал бурный период встреч одновременно с несколькими любовниками. Затем она переехала к одному из них, с которым и живет до сих пор.

Мы сдерживаем себя в своем развитии ненормальными запретами. Мы изуродованы въевшейся в гены христианской моралью, семейным деспотизмом и устаревшими взглядами собственничества друг на друга...

Если вы склонны к внебрачным отношениям или мечтаете о них (сегодня большинство находящихся в браке мужчин и женщин их имеют, хотя и стыдятся этого) — не следует себя за это ругать, ведь мы уже знаем, что это не более чем запоздалое проявление подростковой сексуальности на взрослый манер. Ненормально не то, что вы имеете внебрачные отношения, а то, что вы этого стесняетесь! Такая манера поведения вполне естественна для человека, только-только начавшего осознавать свою сексуальность, — однако она не должна затягиваться на весь остаток его жизни. Стадию повышенного интереса к сексу и высокой сексуальной активности я называю *стадией выражения*. Именно на этой стадии Качество Активности начинает готовить себя к проявлению и в других делах.

Итак, на *стадии выражения* обнаруживается способность ясно видеть собственные сексуальные стремления, принимать их такими, какие они есть, без осуждения или желания насильственно изменить их или возложить ответственность за их реализацию на своего партнера (и потом осуждать его за то, что он этого не делает). На этой стадии человек начинает активно претворять свои желания в жизнь с помощью доступных в данной ситуации средств и методов. Ему свойственно активное сексуальное поведение, более частая смена партнеров или их совмещение в случае неполной удовлетворенности любым из них и отсутствие проблем, типичных для находящихся на первой стадии. При успешном завершении стадии выражения чаще всего естественным образом наступает период, когда человек предпочитает ограничиваться одним-двумя постоянными партнерами, которых он считает для себя наиболее подходящими. С ними же он стремится удовлетворить свою потребность в получении и отдавании любви, что в случае обоюдного согласия может завершиться успешным браком или длительной связью.

Проблемы, могущие возникнуть на *стадии выражения*, как правило, сводятся либо к застреванию на этой стадии из-за своеобразной «сексуальной наркомании», либо к регрессии на предыдущую ступень подавления сексуальности, либо к так называемому «псевдовыражению», когда сексуальность начинает принимать извращенные формы. Задачей психолога в этом случае является убрать чувство вины за сексуальные проявления и внушить человеку мысль о нормальности его сексуальных желаний, даже если при этом он будет хотеть «переспать со всем миром». Если при удовлетворении всех сексуальных фантазий чувство дискомфорта сохраняется, значит, решением проблемы будет избавление от дискомфорта, а не смена сексуальных моделей поведения.

> Один из моих клиентов на консультации поведал мне, как его жена попыталась рассказать ему о своей влюбленности в другого человека. Не желая дослушать ее, он с возмущением заявил, что, если она позволит себе близость с ним, он незамедлительно уйдет от нее.

Ситуация осложнилась тогда, когда ему довелось влюбиться уже самому. Поначалу он честно придерживался созданного им самим для своей семьи «правила верности», но затем понял, что слишком слаб для этого, — и стал изменять ей. Все это время его сопровождали угрызения совести, которые начала подогревать узнавшая об изменах жена («Вот, когда я хотела, ты мне не разрешил — а меня даже не спрашиваешь!»). Чувство вины становилось все сильнее — отвлекаться от тягостных раздумий о том, что он не выполняет созданных им самим же правил семейного общежития, стало возможным только на фоне поисков новых сексуальных приключений. Но, ощущая свою вину перед женой, он вовсе не перестал ей изменять.

В кабинет психолога- консультанта этот человек попал уже почти законченным «сексуальным наркоманом», которому необходимо было соблазнять новую женщину по крайней мере раз в неделю.

«За что боролись, на то и напоролись...» В моем понимании, если кто-то ведет уж очень активную и разнообразную половую жизнь, это вовсе не означает, что он полностью лишен сексуальных комплексов. Иногда даже наоборот.

Секс — сильнейший наркотик из всех известных человечеству. Его преимущество по отношению к другим наркотикам заключается в том, что он вырабатывается совершенно естественным способом внутри организма, нуждаясь для этого только в партнере, и то не всегда. Как от любого наркотика, на определенном этапе от него возникает зависимость. Иногда с ней борются другими видами «опиума для народа».

Мне приходилось консультировать начальника одного из небольших предприятий, с коллективом которого я когда-то проводил бизнес-тренинги. Этот человек имел репутацию законченного плейбоя — счет его женщин шел на сотни. Имея определенные проблемы в общении с людьми, этот человек буквально преображался, когда ставил целью «завалить» какую-либо привлекательную особу. Само красноречие и галантность! Правда, это не мешало ему орать на подчиненных и иметь большие проблемы в семье.

Желая остановиться, этот человек обратился к церкви. Он покаялся в предыдущих прегрешениях и повенчался с женой. Однако его состояние после этого не улучшилось — жена просто начала уставать от его притязаний. Привычка совершать половой акт каждый вечер обрушилась уже на нее, и она вовсе не была счастлива от того, что теперь супруг всецело принадлежит ей.

После первых консультаций он осознал, что его движение к религии было обусловлено вовсе не духовными запросами, а попытками совладать с собственной природой, продиктованными чувством вины за свою неуемную сексуальность. Первое, что он сделал после этого, — порвал связи с церковью и вернулся к обычному образу жизни. Жена, познав оборотную сторону «супружеской верности», уже не противилась этому.

Затем, когда при помощи психолога он избавился от чувства вины, его сексуальная потребность начала понемногу снижаться. Постепенно пришло понимание, что «по-настоящему» ему хочется близости не так уж и часто, — в большинстве случаев он просто использовал ее как способ укрыться от одолевавшего его психологического дискомфорта.

Через подобное осознание в ходе саморазвития или психологической работы проходят все, кто когда-то исповедовал те или иные крайности сексуального поведения — от безрадостной моногамии и навязчивого воздержания до неуемного сексуального голода, требующего все новых и новых жертв.

Проблем у другого моего клиента летом вроде бы не было — разглядывал себе красоток, сидя на нудистском пляже. Иное дело зимой — навязчивая потребность видеть голое женское тело толкала его под окна женских бань и раздевалок. Примерно в это же время у него начались проблемы со зрением. Однако к психологу он обратился только тогда, когда милиция словила его под разбитым окном в женскую душевую бассейна — лишь тогда ему стало понятным, насколько глубоко он завяз.

На консультации выяснилось, что такая модель поведения вовсе не была свойственна ему тогда, когда он разрешал себе изменять жене, — его сексуальной энергии вполне хватало естественного пути выхода, и она не обременяла его болями в глазах, когда он пытался «хоть глазами кого-либо потрахать». Узнавшая об изменах жена пригрозила разводом, устроила жуткий скандал, и с тех пор он прекратил свои связи. Стремление к сексуальному разнообразию он поначалу пытался компенсировать чтением порнографических журналов, сексуальное возбуждение все больше стало ассоциироваться у него исключительно со зрительными стимулами — и вот к чему это привело.

В процессе лечения для психолога самым трудным было вернуть его к естественным, неизвращенным формам сексуального поведения (например, снова разрешить себе разнообразить сексуальных партнеров), хотя сделать это можно было только убрав его страх перед разводом и скандалами жены и объяснив ему, вопреки всем общественным предрассудкам, естественность его желаний на данном этапе развития.

Вскоре после серии консультаций он позволил себе несколько встреч с новой возлюбленной, по совету психолога не афишируя своих отношений перед женой, но и не пытаясь особенно их скрыть. Жена, узнав обо всем и убедившись в твердости его намерений вести себя так, как он считает нужным, подала заявление на развод, но вскоре забрала его обратно. Это означало победу — теперь он мог делать все, что хотел, даже не рискуя узами своего брака!

Однако, по мере того как жена переставала донимать его своей ревностью, а он — испытывать чувство вины за ее «страдания», его потребность в «сексе на стороне» резко снизилась, а затем и вовсе прошла. Разрешив себе делать то, чего он хотел, и доказав жене свою независимость, он перестал стремиться к самоутверждению за счет секса, — а для регулярного удовлетворения обычных потребностей близости с женой оказалось вполне достаточно. Их семейные отношения, начавшие улучшаться, когда жена приняла его измены, стали еще прочнее.

Вскоре после того, как прекратились его сексуальные приключения, ему пришла в голову идея открыть собственное дело. Пять лет назад он уволился с работы и открыл собственный, тогда еще небольшой, магазин. Сейчас он владелец целой сети супермаркетов в столице. Секс уже не занимает в его жизни такое место, как раньше, — хотя возможностей разнообразить свои сексуальные ощущения, благодаря штату хорошеньких молодых продавщиц, у него так много, как никогда.

Потребность в «зрительном» сексе — такой же результат подавления естественных проявлений сексуальной энергии, как и потребность в сексе... слуховом. Социологи крупных городов Европы бьют тревогу: с момента образования служб «секса по телефону» уже были случаи, когда за долги по телефонным счетам расплачивались, продавая квартиры, — визит к жрице любви обошелся бы страждущему гораздо дешевле. По статистике, клиенты таких служб в основном все состоят в браке — и верность партнеру сохраняют, и вроде как удовлетворяют себя таким вот странным образом... Вот только «сесть на иглу телефонного секса» еще проще, чем приобрести «сексуальную зависимость» естественным путем, поскольку не требуется тратить силы и время на знакомство с партнером. И, разумеется, с «сексуальной» линии тебе не посоветуют перезвонить в следующий раз уже на психологический телефон доверия: как и в игорном бизнесе, болезнь одних здесь становится золотым дном для обогащения других.

То же самое можно сказать и о религиозных заповедях. Постоянное ощущение собственной грешности — золотое дно для попа любой масти. Лучший же способ сделать из человека грешника — научить его той заповеди, которую невозможно выполнить. Наверное, этим и объясняется единодушие всех религий в вопросах секса.

Хочу напомнить всем, кто охоч до «нестандартных» форм сексуальной активности: в результате подавления сексуальная энергия никуда не исчезает — она просто ищет в теле несвойственные для себя пути выхода или же медленно гниет, подобно застоявшейся воде родника, превратившегося в болото. Если дело не закончится «просто» болезнью простаты или яичников (помните знаменитое изречение Павлова: «Функция творит орган»?), вероятность извращений весьма высока. Кстати, большинство гомосексуалистов становятся таковыми тоже вследствие подавления.

Многие наверняка помнят цикл публикаций из «Комсомольской правды» 1999 года, где писалось о гомосексуальных связях современных отцов православной веры.

Хотя по сану владык им вроде как положено находиться на третьем этапе развития сексуальности, это не означает, что так и происходит на самом деле, — чем глубже и длительнее было подавление, тем к более извращенной форме выражения отбрасывает нас природа.

В такой цепочке фактов даже групповой секс не является самым худшим вариантом выпуска застарелых сексуальных фантазий наружу, прежде чем человек достигает естественного состояния успокоенности. Возможно, именно поэтому для отдельных последователей Ошо занятия по личному развитию в его ашраме проходили именно таким образом.

Итак, путь к трансформации сексуальной энергии лежит через осознание и разрешение себе всего того, что мы когда-то хотели, но, движимые сознанием собственной греховности, заставили себя об этом забыть. Не следует подавлять себя — успокоение приходит само, вначале через бурную полосу новых романов, затем через внезапную любовь к одному из тех, с кем вы удовлетворяете свое сексуальное чувство, а потом и через сокращение сексуальных потребностей. Впрочем, вмешательство третьего способно иногда породить новую яркую вспышку.

Появившийся у моей знакомой любовник, о котором она рассказала мужу, резко нарушил устоявшийся в семье расклад — муж, погруженный в научную работу и не вспоминавший о жене месяцами, преобразился буквально на глазах. Почувствовав конкурента, а затем и узнав о его существовании, он взял на себя кучу домашней работы, взялся сидеть с детьми и даже предложил ей бросить свою работу, чтобы помочь ей осуществить давнюю мечту — открытие своего дела. Однако самым сложным, по ее признанию, оказалось вынести его сексуальное поведение («Раз ходишь к нему — значит, тебе секс все-таки нужен!») — теперь он требовал близости почти каждый вечер.

Вскоре связь жены распалась, и сексуальные отношения супругов снова вошли в привычную колею, однако это не вызвало дискомфорта ни у кого из них. А дело они все-таки открыли — год спустя после завершения ее романа.

Единственное условие движения от подавления к выражению, а затем и трансформации — понимание естественности происходящего и принятие его без попыток что-либо изменить в поведении другого человека, а также защита от чужого влияния в тех сферах, где тебе надлежит все решать самому. Очень уж несолидно выглядит, когда весь мир начинает копаться в твоем грязном белье. И совсем уж глупо, когда твое чувство вины заставляет тебя упрямо отрицать очевидное либо оправдываться перед теми, кто хочет уличить тебя в безнравственности.

В период написания этой книги у всех на слуху история крупного государственного деятеля (и не одного!), грязное белье которого вынесли на обсуждение — ни больше ни меньше — высшего законодательного органа страны... Впрочем, он сам способствовал этому, пытаясь комментировать в свою пользу изложенные в компрометирующих материалах факты. Отказ участвовать в дискуссии мог бы выгодным для него образом оттенить тупоголовое ханжество его противников и сослужить хорошую службу ему самому — но для этого ему пришлось бы вначале преодолеть свою собственную зависимость от власти и денег, побудившую его к оправданиям. Впрочем, это уже тема другой ступени.

Наконец мы подошли и к стадии трансформации. Именно на этой стадии сексуальная активность начинает ощутимо идти на спад, одновременно развертывая огромные энергетические ресурсы в других измерениях. Именно на этой стадии сексуальности человек освобождает львиную долю времени своей жизни и пространства своего сознания и начинает реальное движение к своим основным жизненным целям.

Что есть *стадия трансформации*? Стадия трансформации означает обретение контроля над биологической программой сексуальных удовольствий (не путать с угасанием полового влечения!) и высвобождение дополнительной энергии для более полной самореализации в других сферах. Ступивший на стадию трансформации овладевает Качеством Активности в полном объеме и стопроцентно использует его для строительства своего успеха. Для остальных же успех остается экзаменом, на который жизнь не допустит его, пока он не сдаст материалы предыдущего урока.

Нам было бы весьма трудно представить себе кого-либо из людей, которых мы считаем действительно ве-

ликими, в окружении сонма любовников или любовниц. Однако было бы неправильно считать, что такое положение вещей является следствием полного подавления сексуального влечения. Подтверждением этого являются штрихи к биографиям знаменитостей рангом пониже, о приключениях и перемещениях которых от одного партнера к другому часто пишут газеты. В какой-то момент, однако, многие из них как бы успокаиваются и остепеняются — и именно тогда происходит действительный расцвет их профессиональной деятельности.

На первый взгляд, мысль о трансформации может показаться абсурдной или, в лучшем случае, мистической. Впрочем, перегоняют энергию из половых органов в голову или другие части тела не только йоги, хотя они, бесспорно, делают это наиболее осознанно. Даже современной ортодоксальной науке известно, что в период интенсивной творческой деятельности половое влечение снижается, а то и пропадает вовсе. Отец психоанализа Фрейд даже ввел термин для обозначения единой энергии человека, которая может проявлять себя в виде сексуальности или творчества. Он называл ее либидо. По Фрейду, либидо (половое влечение) является двигателем прогресса, поскольку, подавляя его, человек якобы становится способен направлять энергию на иные достижения. Однако Фрейд не совсем ясно понимал различия между *подавлением* (то есть отказом себе в том, чего ты хочешь) и внешне похожей на него *трансформацией*, когда энергия уже естественным путем перетекает в другие центры и направлена на другую работу. Подавляющий свои сексуальные желания человек вряд ли мог когда-либо создать нечто исторически ценное.

Социологические исследования показывают, что даже нестарые пары, которые живут вместе достаточно давно и прекрасно понимают друг друга, естественно отходят от взаимного выражения своей сексуальности. Их выражение любви друг к другу как бы смещается в иные сферы: важно, чтобы тебя понимали, ждали, находились рядом, делились, помогали, поддерживали... Однако в период становления или кризиса взаимоотношений такие пары могут иметь периоды бурной сексуальной активности, которые нередко провоцируются их собственными внутренними разногласиями (в эти периоды они как бы теснее «привязывают» себя сексом друг к другу, не давая взаимоотношениям распасться) или... сексуальным вмешательством третьих лиц.

Находящиеся на стадии трансформации своего сексуального влечения обычно уже не ищут для себя сексуального разнообразия или смены партнеров, но могут добровольно и сознательно уступать его или их потребностям в сексуальном сближении не столько ради себя, сколько ради него (нее, них), — естественно, практически не предъявляя своим партнерам никаких встречных притязаний. Секс на этом этапе гораздо в большей степени является выражением любви, чем утолением сексуального голода, хотя находящийся на стадии трансформации может довольствоваться и другими проявлениями любви (беседы, совместные дела, нахождение рядом друг с другом). В случае своего одиночества или такого же отношения со стороны партнера такие люди способны обходиться без секса достаточно долгое время, уделяя сэкономленное время и силы напряженной творческой работе.

Пришедшая на прием женщина пожаловалась мне:
— Я все время одна. У меня нет мужчины... Наверное, это плохо.
— Почему вы решили, что это плохо? Вас это беспокоит? Мучит? Вы фригидны, больны, вы не получали удовольствия от секса, когда это было с вами раньше? — спросил ее я.
— Нет, когда это случалось, все было в порядке, но ведь сейчас я вообще ничего не хочу — а это же не-

нормально... Все мои подруги об этом только и думают. Я же еще молодая женщина, мне тоже должно хотеться секса!

— Почему вы так решили?

— Но ведь всех это беспокоит! Кто-то же должен быть со мной рядом!

— Как видите, не всех. Кстати, последний год я нахожусь в таком же положении, и, как видите, меня это не беспокоит. А вообще за всю мою практику минимум пять человек обращались ко мне с такой же «проблемой». Всем им оказалось достаточно услышать два слова: «Так бывает».

— Правда!?

Она широко раскрыла глаза и начала смеяться. И ушла совершенно счастливая.

В дальнейшем выяснилось, что ее карьера стремительно пошла вверх именно в этот период.

Наибольшие шансы преуспеть как в создании семьи, так и на общественном поприще имеют те, кто уже преуспел в овладении своей сексуальностью и направил ее в русло третьей или хотя бы второй стадии, — в противном случае возвраты к незавершенным программам подавления-выражения могут быть очень болезненны. Впрочем, раз уж вам из-за давешних задержек в сексуальном развитии приходится проходить несколько этапов параллельно (последовательно их проходят, наверное, только неиспорченные цивилизацией аборигены — или же совсем молодые и более грамотные в этих вопросах люди), примите это как должное — не спорить же нам, в самом деле, со своей природой. Только в этом случае издержки предыдущих этапов смогут быть быстро изжиты и трансформированы в возможности влияния на общество с помощью более тонких инструментов, требующих большего мастерства, чем сексуальные техники камасутры. Имя одному из этих инструментов — Деньги. Но об этом — в следующей книге, а пока...

Практикум 5
СОЛЬЕМСЯ... МОЗГАМИ!

Упражнение 1

Удовлетворены ли вы своей сексуальной жизнью? Если да, переходите сразу к упражнениям 5, 6. Если нет, попробуйте вначале выполнить упражнения со 2 по 4.

Упражнение 2

Ответьте на следующие вопросы:

Допускаете ли вы для себя: а) супружескую измену; б) мастурбацию в одиночку или перед сексуальным партнером; в) групповой секс; г) параллельное сексуальное общение более чем с одним партнером?

Если в списке есть нечто не познанное вами в ходе вашего предыдущего сексуального опыта, но привлекательное для вас, не хотите ли вы попробовать это? Можете ли вы представить себе условия, при которых вы можете это разрешить себе? Хотите ли вы как можно скорее сделать пробные шаги к созданию таких условий?

Если нет, то какое чувство возникает у вас при мыслях об этом? Идентифицируйте это чувство. Если читая эти строки, вы испытываете раздражение, подавленность или прочие ярко выраженные формы эмоционального дискомфорта, прекратите выполнение упражнений этого практикума и вернитесь к ним только после прочтения Ступени «Выгони внутренних демонов» (третья книга).

Упражнение 3

Позвольте себе исследовать собственное тело. Останьтесь наедине с собой. Разденьтесь. Настройтесь на получение удовольствия. Погладьте себя целиком. Зафиксируйте внимание на зонах, прикосновение к которым возбуждает вас сильнее всего. Используйте эти знания для получения большего удовольствия с вашим настоящим или будущим партнером.

Если в ходе выполнения этого упражнения вы почувствовали острое сексуальное желание — позвольте себе разрядить его с помощью мастурбации до оргазма. Если желание позволяет, отложите его удовлетворение до встречи с партнером.

Упражнение 4

Ответьте себе на следующие вопросы:

Вы позволяли себе за последний год иметь столько секса, сколько вам нужно? Вы имеете опыт мастурбации или самовозбуждения? Вы способны простить партнеру его измену? Вы способны (хотя бы теоретически) изменить ему сами?

Если вы ответили хотя бы на один из этих вопросов отрицательно, вернитесь к упражнениям 2 и 3 и выполняйте их регулярно. Если ответ на все вопросы положителен, переходите к упражнению 5.

Упражнение 5

Сядьте прямо. Расслабьтесь. Закройте глаза. Успокойте дыхание. Ощутите свою сексуальность в виде энергии, рассеянной по всему телу. Медленно соберите ее посередине между пупком и лобковой костью. Почувствуйте, как она стеклась сюда со всего тела, и побудьте в этом состоянии некоторое время.

Теперь так же медленно поднимайте ее в район солнечного сплетения. Она должна полностью сюда перетечь — свидетельством завершения этого процесса может быть ощущение пульсации, покалывания или теплоты в этом месте. Проверьте, освободилась ли от аналогичных ощущений нижняя часть тела. После этого направьте энергию в область сердца. Побудьте в этом состоянии некоторое время. Если в области сердца возникло ощущение приятного тепла, наполненности либо чувство радости, упражнение можно закончить.

Если при выполнении этого упражнения в области сердца возник дискомфорт, мысленно выпустите наружу излишек энергии.

Упражнение 6

Практикуется при нежелательном половом возбуждении. Если возбуждение уже коснулось половых органов, по возможности расслабьтесь, а затем мысленно собирайте энергию из половых органов и направляйте в место под пупком до исчезновения физиологических признаков возбуждения (эрекция, увлажнение стенок влагалища и пр.). Если возбуждение возникло при рассматривании картин эротического содержания или слуховом воздействии, не забудьте также мысленно собрать энергию из глаз или ушей. Далее — действуйте, как в предыдущем упражнении.

После завершения упражнения необходимо переключиться на работу, желательно творческого содержания, иначе влечение может возникнуть снова.

Если упражнения 5, 6 соответствуют вашему уровню развития, практикуйте их всякий раз, когда чувствуете прилив полового возбуждения, а удовлетворить его не можете или не хотите. Впрочем, если выполнение этой части тягостно для вас, вы всегда можете прекратить работу с трансформацией сексуальной энергии и позволить ей естественным способом вытечь через ваши половые органы любым из перечисленных ранее способов.

Если же пятое упражнение получилось у вас даже на фоне полового возбуждения — это верный признак того, что вы сможете взять максимум из информации, содержащейся в следующей Ступени.

ПОМОЩЬ В ОСОЗНАНИИ
(случаи из консультативной практики)

> Настройтесь на волну другого. Настройтесь на его волну так глубоко, чтобы его бессознательное проникло в ваше бессознательное и чтобы в вашем бессознательном возникло нечто — визуализации. Эти визуализации будут значимы, но помните, вы — не толкователь. Вы просто делаете людей более бдительными, более осознающими, более ответственными за свою жизнь.
>
> *Ошо, «Другой берег»*

Случай первый
УЗНАВАНИЕ ТЕЛА

Дана подошла ко мне после лекции:
— А можно с вами пообщаться лично?
И, получив утвердительный ответ, сразу же спросила:
— А сколько это будет стоить?
В ее голосе напряжение — студентка, денег мало, но видно, что встреча нужна.

— О деньгах потом. Сначала выясним, смогу ли я помочь вам.

На следующей встрече Дана вводит меня в курс дела. Она чувствует себя плохо — временами это проходит, а иногда накатывает с новой силой. Дана связывает это со своими взаимоотношениями с парнем, который то появляется, то исчезает. Он нравится ей — но позволяет себе надолго бросать ее, а когда возвращается, она не в силах ему отказать. Выхода нет — остается страдание. Вот и сейчас...

Разговор переходит в область телесной конкретики:

— Как именно тебе плохо? Я хочу сказать, как твое тело говорит тебе об этом?

Дана изумленно смотрит на меня:

— Я же сказала вам — мне плохо морально. Тело здесь ни при чем!

— Во-первых, «нас» здесь нет — тут только я. Обращайся ко мне на «ты». Идет?

Дана краснеет. Думает, что набиваюсь к ней в ухажеры. Похоже, я стал сближаться слишком быстро, — надо притормозить.

— Слушай, мне от тебя ничего не надо. Я просто хочу тебе помочь, а для того, чтобы люди стали ближе друг к другу, им проще обращаться на «ты». Согласна?

— Неудобно как-то. Все-таки разница в возрасте...

— Чепуха. Не надо тупо следовать правилам, которые тебе в детстве навязали другие. Лучше старайся осознавать, что ты делаешь. Почему ты должна говорить «вы» тем, кто тебе тыкает, — они что, лучше или умнее? Я понимаю, что иногда ты просто от них зависишь, и тебе не нужно лезть на рожон. В других случаях ты не хочешь с ними связываться — все равно не поймут. Но ведь сейчас ни то и ни другое — я сам тебе предлагаю «тыкать». Или ты предпочитаешь, чтобы я говорил тебе «вы»?

Дана улыбается:

— Нет... Все нормально. Хорошо, я постараюсь привыкнуть.

— Отлично, этот вопрос закрыли. Теперь другое. Раз, как ты считаешь, тебе плохо только морально, то это твои собственные идеи и ничего больше. Тогда просто перестань думать об этом, и все пройдет.

— Легко сказать. Как не думать? Ведь плохо, когда его нет!

— Тебе сейчас плохо? Конкретно сейчас, в настоящий момент?

Дана задумывается:

— Сейчас... Сейчас вроде нет. Но ведь будет, я же знаю!

— Хорошо. Тогда закрой глаза и хорошенько вспомни день, когда тебе было плохо.

Дана зажмуривается:

— Вспомнила.

— Теперь представь себе эту картинку перед глазами... Можешь добавить в ней яркость, звук или там запах какой-то особенный, который ты тогда, может, слышала... Получается?

— Да... Да.

— Тогда теперь тебе должно снова стать плохо.

— Я чувствую это.

— Вот и хорошо, побудь с этим.

— Что же тут хорошего?

— Лучше, если мы вызовем это состояние сейчас, чтобы бороться с ним, чем будем ждать, пока оно застигнет тебя врасплох... Ты уверена, что это именно то состояние?

— Да. Мне теперь действительно плохо.

— Тогда погрузись внутрь себя и просто слушай свое тело. Ты слишком долго игнорировала его потребности — пришла пора возвращать долги. Сейчас оно подскажет тебе, как именно тебе плохо...

— Да. Это так. Я чувствую тяжесть в затылке.

Ее лицо меняется: она начинает нервно сжимать губы.

— И поэтому ты кусаешь себе губы?

От неожиданности Дана прекращает делать это.

— Да... Так меньше болит.

— Попробуй продолжать делать то же самое, но осознанно, — медленно кусай губы и следи за тем, как изменяются твои ощущения.

Некоторое время Дана сидит молча.

— Сейчас меньше болит... Переходит в горло. Теперь я ощущаю это в горле.

— Это — что? Боль, давление, раздражение, тяжесть?

— Тяжесть. Это имеет форму... Как ком в горле.

Ситуация, которая встречается довольно часто в процессе индивидуальной психотерапии. Мы слишком часто и долго подавляем свои эмоции, из боязни, что окружающие нас за это осудят. Мы стыдимся плакать, когда нам тяжело, сердиться, когда мы разгневаны. Стыд — это форма страха, страха, что тебя осудят. Но, боясь осуждения окружающих, мы никогда не сможем опередить их в своем развитии.

Задержанные эмоции, которые в силу различных причин (например, по вине родителей, запрещающих ребенку выражать свой гнев плачем) не выражались или подавлялись в течение продолжительного времени, обычно принимают форму различных слабо ощутимых негативных энергетических образований. Образования эти проявляются как тяжесть в груди, ком в горле, напряжение определенных групп мышц или дрожь в каких-то частях тела.

Все эти ощущения — прообразы будущих заболеваний, боли и нарушений в уже осязаемом физическом теле.

С этой точки зрения, совет сдерживать свой гнев лишен здравого смысла, — но ведь, и направляя агрессию в адрес окружающего пространства, мы неотвратимо готовим себе обратный удар.

Правильно сдерживать свой гнев вовсе не означает — давиться собственным ядом, наслаивая на невыраженную агрессию еще и страх получить ответный удар. Сжигать свой гнев на огне любви к ближнему — задача нелегкая, и для человека на невысоком уровне личного развития почти невыполнимая.

Поэтому для многих даже умение открыто выражать свой гнев — шаг вперед, поскольку до этого они не знали ничего другого, кроме подавления. Научиться же выражать свои эмоции, не задерживая их, не подавляя и не накапливая, можно лишь у тех, кто научился не только их выражать, но и обуздывать.

Ком в горле у Даны — явление того же порядка. Если сейчас эту проблему не разрешить — ощущение тяжести будет становиться все реальней, горло будет набирать все больше грязи (ведь каждый невыраженный гнев — это обида на окружающий мир, его осуждение, сомнение в справедливости своего жребия, а значит, говоря языком Сергея Лазарева, — грех против Бога, судьбы). С этой точки зрения, лучше выкричаться, даже ударить (если сможешь потом покаяться), но не молчать. Молчание будет допустимо лишь тогда, когда мы не выпустим гнев наружу, но и не оставим его внутри.

Почему именно горло? Потому что болезнь завязана на невысказанном. При «грязном горле» часты бронхиты, ангины, возможен и рак.

— Значит, в детстве ты кусала губы, чтобы не расплакаться?

— Точно... А ведь у меня и сейчас глаза щиплет!

— Ну и хорошо. Поплачь, если стесняешься — я отвернусь.

— Нет, плакать уже расхотелось. Все прошло.

— Все ли? Расслабься, сядь удобно. К чему ближе твое общее состояние: комфорт или дискомфорт?

— Пожалуй, комфорт. А что я буду делать, если мне опять станет плохо?

— Ты невнимательна к своим ощущениям. Раз ты задаешь этот вопрос, значит, тебе уже плохо. Ищи где.

На этот раз Дана с готовностью закрывает глаза и через некоторое время уверенно говорит:

— В руках.

— Что в руках: боль, напряжение, дрожь?

— Дрожь.

— Не открывая глаз, начинай дрожать руками — еще сильнее, еще... Что ты чувствуешь?

— Я... Я... Мне захотелось напрячь их!

— Напрягай. Что теперь?

— Не знаю... У меня такое ощущение, что я падаю — кружится голова. Можно я открою глаза?

Не отвечая, я с силой толкаю ее в плечо — если бы не подлокотник, она бы слетела со стула. Если человек бессознательно хочет упасть, можно помочь ему это сделать.

Дана открывает глаза, вскакивает и с ненавистью на меня смотрит. Не давая ей опомниться, быстро спрашиваю:

— Что ты теперь чувствуешь?

— Злость!

— Как ты знаешь, что это злость?

— Не знаю, я вас убить готова!

— Не вас, а тебя. Покажи, как бы ты меня убивала.

Дана на миг смущается, но быстро понимает, что мне от нее нужно.

— Я хочу ударить... Не вас... Не тебя, а вообще... Эта дрожь в руках, я все теперь поняла... Я никогда себе этого не разрешала!

Внезапно она падает в кресло и горько плачет навзрыд. Через минуту всхлипывания затихают.

Заметив это, я даю ей подушку и прошу ударить ее. Один удар, второй, третий... Дана входит во вкус и, за-

кусив губу, наносит серию сильных ударов. Внезапно она прекращает и, обессилев, падает в кресло.
— Что ты теперь чувствуешь?
— Пустота... Покой.
— Какая пустота: как бессилие, опустошенность или как нечто позитивное?
— Скорее второе. Как облегчение.
— Как ты бы хотела усилить ощущение этой пустоты: может быть, ты ощущаешь потребность в тепле или тебе нужно лечь, чтобы расслабиться?

Безразличный, отсутствующий взгляд. Она не слышит меня — идет громадная внутренняя работа. Резервуар гнева, прорвав стены стыда, страха, запретов, устремился вверх. На сегодня достаточно.

— Слушай, сейчас тебе лучше идти домой. Сегодня мы и так много успели сделать — тебе надо пожить с этим, поварить в одиночестве мозгами. Позвонишь, когда сама почувствуешь нужным.

Звонок не заставил себя долго ждать — Дана разбудила меня в 12 ночи. Спросонья я долго не мог понять, кто это, выслушивал извинения.
— Мне плохо. Я хочу встретиться с вами.
— С нами встретиться не удастся. Будешь встречаться со мной.
— Извините... Извини. Я хочу с тобой встретиться.
— Это другое дело. До завтра доживешь?
— Попробую.
— Вот и ладушки.

«Мне плохо, я хочу с тобой встретиться...» Сколько раз приходится выслушивать это от разных людей, сколько еще придется выслушать? Кто-то идет по жизни сам, кого-то поддерживают, кого-то тащат. Не следует торопиться обвинять себя за то, что не смог кому-то помочь, — не смог подвезти, ну что ж, пускай ползут, хромают, скачут на четвереньках — только так можно доказать, что и сам ты чего-то стоишь. С помощником, конечно, идешь быстрее. Но ведь он только поддерживает и не обязан останавливаться у каждого столба только потому, что ты не привык к быстрой ходьбе.

Назавтра мы договорились встретиться в глухом уголке парка — я чувствовал, что нам людские взгляды не нужны, точно так же, как и уединение в стенах квартиры.

Не дожидаясь вопроса, Дана заговорила сама:

— Я чувствую себя лучше. Значительно лучше. Но проблема осталась.

— Как ты знаешь об этом?

Дана принимает правила игры: она уже знает, что верить можно только фактам. Факты нашей внутренней жизни — это желания и ощущения нашего тела, это энергии наших чувств. А мнения и верования нашего ума — это, увы, не факт. У большинства людей сознание — открытое поле, где гуляет каждый, кто хочет. Уж лучше слушали бы свои желания, чем комплексы и ограничения, навязанные окружающими, — больше толку было бы.

— Я уже не психую так. Нет боли в затылке, кома в горле — плакать больше не хочется... Дрожь еще раз была — я пару раз врезала по груше брата и вдруг поняла: я ведь теперь на себя злюсь!

— Чего ж на себя злиться-то?

— Ну... что я такая неправильная. Вот, влюбилась в него, жду, мучаюсь, а он — захочет, придет, захочет, не придет.

— Ты с ним спала уже?

— Угу.

— Ну и как, удовлетворяет он тебя, оргазм испытываешь, все, как положено?

— С этим вроде порядок... Но он же не все время рядом. Вот сейчас хочу его, а он опять куда-то завеялся... Хотя вообще-то он для меня уже не первый опыт.

— Так и продолжай в том же духе, пока его нет. Ты же понимаешь, что он делает, когда исчезает? Ты-то чем хуже?

— Да все я понимаю — мне-то уже докладывали, с какими барышнями он ходит! Но я не могу так, как он. Что же мне, совсем шлюхой заделаться?

— Так, может, тебе не так уж и хочется?

— Но я же не должна так себя вести! Может, я и дурная, но верная!

— Так, это проехали. Давай-ка лучше посмотрим, что нам скажет твое тело. Что ты сейчас чувствуешь?

— Злость!

Я замечаю, как Дана прижимает к груди кулаки.

— Ну-ка расслабься!

Дана опускает руки, через секунду непроизвольно поднимает их снова, перехватывает мой взгляд и, смутившись, поясняет:

— Грудь... Прямо распирает от злости!

— Кричи! Резко выдыхай и кричи! Так! Еще... Интенсивнее выдыхай, чаще... Стоп. Что ты теперь ощущаешь?

Дана изумленно на меня смотрит:

— Растворилась... Ушла. Теперь тут теплота какая-то. Она вниз идет. Ой!

Дана скрючивается, хватаясь за низ живота. Я стою, глядя на нее сверху вниз.

— Что, по-женски прихватило?

— Ага, яичники... Несколько раз лечилась.

— Вот, значит, откуда ноги растут. Ты там изменщику своему плохого не нажелала?

— Как же, было. Все они гады. Один из его компании изнасиловать меня хотел — еле вырвалась. Так мой мне же потом и скандал устроил: мол, узнаю, что у тебя с кем-то было, — голову отверну.

— А что, отвернет?

— Да ну, боялась я его. Я ему тогда и сказала: чтоб у тебя самого член отсох, когда ты налево пойдешь.

— У него не отсохнет — обид он на женский род не держит, поэтому зеркалит все твои пожелания автоматом прямо по обратному адресу, даже не зная об этом. А ты с этого имеешь свои проблемы.

Дана молчит, пытаясь осмыслить сказанное. Однако было бы неправильно сводить все ее нынешние проблемы к одной сказанной в сердцах фразе. Важно уловить за этим тенденцию, направленность ее ума и показать это ей. У девушки явно не складывается с мужской энергией — пойдем к первоисточнику.

— С отцом какие отношения были?

— Он нас бросил, я тогда маленькая была. Мать потом говорила: мог бы хоть ради меня остаться. Променял на какую-то. Так потом одна и осталась по жизни.

— Смотри-ка, тот же сценарий. Улавливаешь? Вас бросают, вы обижаетесь, зарекаетесь, мол, не такие мы, как эти мужики, как их подруги распутные. Вот и остаетесь сами с собой, давя в себе все женское, — «дурные, но верные».

Дана исподлобья глядит на меня, переосмысливая что-то в своей жизни.

— Ты сейчас на той точке развития, на которой мать твоя на всю жизнь застряла. Дальше-то шагать будешь или по ее стопам пойдешь?

Улыбается. Хорошей такой улыбкой, открытой.

— Буду шагать.

— Обижаться на мужиков будешь? Нет? Ну вот и славно. А руку чего там держишь, болит? Это хорошо, что болит, — сейчас вся гадость наружу выходит. А вообще-то твои органы уже давно мужской энергии просят. Сейчас немного тебе дам — легче будет.

Я сажусь сзади и кладу руки Дане на яичники. Дальний одинокий прохожий завистливо смотрит на нас, предвкушая продолжение. Я встречаю его специальным взглядом, и он разочарованно убыстряет ход — продолжения, видно, не будет. Я сосредотачиваюсь на зоне контакта и мысленно посылаю туда золотистый свет. Лицо Даны разглаживается, на щеках появляется румянец, дыхание становится прерывистым.

— Уже не болит? Вижу, хорошо. А что сейчас чувствуешь? Ладно, молчи, я и так знаю. Ты чувствуешь возбуждение.

Дана молча кивает. Теперь она не станет спорить со мной — ее тело подсказывает ей то же самое.

— Самое время найти мужика и переспать с ним — и все болячки пройдут. А что воспитание не позволяет, так даже лучше: унизить свою гордыню — иногда лекарство почище секса. Кстати, от унижений от мужчин тебе все равно не уйти — ты же видишь, как до сих пор было с твоим любимым. Хотела над мужиками возвыситься, осуждала их — пей теперь свое горькое лекарство. Осознаешь, за что, — вылечишься быстрее, не осознаешь — пойдешь по стопам своей матери.

Кто дал тебе право осуждать его поведение? Кто дал тебе право осуждать желания собственного тела, которые ничем не отличаются от желаний твоего любимого? Кто дал тебе право осуждать других женщин, которые к тому же лучше, чем ты, понимают, чего они хотят? Пойми, тебе сейчас не от любви нужно прыгать в постель, а от твоей неудовлетворенной сексуальности, которой ты сегодня первый раз в глаза посмотрела. И чем скорее ты пройдешь через это — тем лучше для тебя самой.

Дана резко выпрямляется:

— А если я сейчас... хочу вас?

— Ах ты ж бессовестная! Ишь, как заговорила! А кто еще недавно тут песни мне пел: «верные» мы такие, понимаешь!

Мы оба смеемся.

— Ладно, если серьезно: молодец, что сказала. Заметь, это ведь только наша вторая встреча. Ты могла себе представить час назад, что, не стесняясь, предложишь себя мужчине со второго раза?

Дана смеется, кивает головой. Но в глазах остается вопрос — шуткой тут не отделаешься.

— Умничка, быстро растешь, — теперь я за тебя спокоен, скоро решишь все свои проблемы. А про меня теперь лучше забудь.

— Почему?

— Со мной у тебя просто так не получится — влюбишься, страдать будешь, зачем тебе эти проблемы — из огня да в полымя. Я же сказал тебе: найди кого-то просто для секса, для беспроблемных, ни к чему не обязывающих отношений. Нормального, чистого, спокойного. Не дефективного, но чтоб и бросить не жалко было. Он будет тебя использовать, а ты его.

Вот представь себе — ты умираешь с голоду, вбегаешь в ресторан: «Хлеба хочу!» А официант тебе: омары, черепаший суп, вино... Что с тобой будет?

— Помру, но хоть наемся!

— В том-то и дело, что ты даже вкуса не ощутишь. Тебе сейчас нужен хлеб, а я для тебя — заморское блюдо. И дело не в моей самонадеянности, а в твоем восприятии, — ведь для кого-то и омары — пища на каждый день, а для нас — экзотика. Так вот, не ищи сейчас экзотики, ищи хлеба.

— А как же любовь?

— А любовь рано или поздно к тебе придет — куда ж ей деваться. Но для того, чтобы не спутать ее с обычным сексуальным влечением, тебе нужно в ожидании любви оставаться сексуально удовлетворенной. Любовь выше секса, но секс — ступенька, ведущая к любви. Сейчас для тебя время учиться открываться навстречу сексу, не осуждая никакие его проявления — ни в себе, ни в окружающих.

(Конечно, бывает, что любовь и секс приходят вместе, — однако это не было случаем Даны, и потому я не сказал ей об этом.)

Дана позвонила через несколько дней:

— Я уезжаю на отдых! Знаешь, что я положила в сумку первым делом?
— Презервативы.
— Почти угадал! Только я пользуюсь таблетками. А можно, я зайду на твои лекции, когда вернусь?
— Нужно! А презервативы все-таки возьми — с ними надежнее.

Случай второй
ОБУЧЕНИЕ СВОБОДЕ

Алена подолгу молчит, растягивая паузы. Видно, что речь дается ей с трудом. Глаза наполнены слезами.
— Вам что, всю жизнь свою рассказывать?
— Лучше начните с того, что тревожит. Может, вся жизнь и не понадобится.
— Будет лучше, если я расскажу все по порядку... Сейчас я не могу видеться с дочерью, и это меня мучит. Она живет с моим бывшим мужем.
— Он забрал ее у вас, выкрал?
— Нет... Забрал — да, но теперь она сама не хочет. Они настроили ее против меня.
— Настроили?
— Да. Они говорили ей, что я гулящая, что ей не нужно со мной видеться, потому что я и ее испорчу.
— Вы — мать.
— Да... Поэтому я лучше расскажу все сначала.

Я вышла замуж по школьной любви, ждала его из армии. Через несколько лет совместной жизни наш брак стал кошмаром... Он пил, забирал деньги... Когда это случилось в очередной раз, я сказала, чтобы он ушел. Он плакал, валялся в ногах, уверял, что больше не будет... Но я сумела убедить его, что будет лучше, что мы какое-то время поживем раздельно.

— Вы — мужественная женщина. Вы умеете добиваться своего.

— Это не так... На тот момент я уже нашла ему замену, иначе, наверное, не решилась бы.

— Тогда — спасибо замене.

— Нет-нет, это было мое решение... Просто я бы не смогла выбрать одиночество. Но я знала, что и нам будет легче видеться, когда муж уйдет. Так и вышло. Он стал оставаться у меня на день, на два. На большее я не рассчитывала и даже не хотела этого — он не должен был уходить из семьи.

— Это вы за него решили?

— Дело в том, что он... муж моей сестры.

Алена искоса бросает на меня взгляд. Я нейтрально киваю, полузакрыв глаза, — мол, в жизни всякое бывает. Приободренная моей готовностью слушать дальше, Алена продолжает:

— Когда у нас с Димой все стало распадаться, я оказалась как бы в изоляции — не к кому пойти, посоветоваться... Я была совершенно одна со своими проблемами — даже подругам мне было бы стыдно о них сказать. И тут — Игорь... Он по-настоящему сочувствовал мне. Всегда мог выслушать меня, побыть рядом. Мы стали очень близки. Наверное, это должно было произойти...

Когда Дима ушел, Игорь стал бывать у нас чаще. Они даже подружились с Катей. Но потом Дима узнал о нашей связи, приехал и забрал ее у меня. Он сказал, что теперь дочь не должна оставаться со мной. Через некоторое время Катя уже сама не захотела вернуться... Он и его родители внушили ей, что папа хороший, что он хочет жить вместе с мамой, а мама — плохая, она разрушила семью. И теперь, когда я звоню ей, когда я хочу видеть ее, Катя говорит мне: «Вернись к папе — тогда ты будешь меня видеть. Ты же сделала ему больно — теперь ты страдай». Я хожу, ношу ей подарки, встречаю ее из школы — она идет рядом со мной, как с пустым местом. «Мне не нужны твои подарки, ты же знаешь, что мне от тебя нужно. Не ходи больше ко мне, не звони, оставь меня в покое». И так далее.

— А вы могли бы начать все сначала?

— В смысле — с Димой? Это невозможно. Я знаю, что первое время будет как медовый месяц, но затем опять все повторится.

— Тогда о чем вам жалеть?

— А вдруг нет другого способа вернуть ее? Меня мучит чувство вины, вдруг я потеряла ее из-за своей жизни? Скажите мне, что нет другого способа, — и я попробую вернуться.

— Как я могу взять на себя ответственность за вашу жизнь — тем более, если я почти ничего о ней еще не знаю? Расскажите-ка лучше, какие у вас отношения с сестрой.

— Никаких. Она молчит — и я молчу.

— Но она же знает о вашей связи с ее мужем, как она относится к этому?

— Мы сами сказали ей — не хотели больше ее обманывать. Ну что ж делать, значит, будем теперь втроем — бывают же такие семьи. Она вроде поначалу тоже — да, да, а потом — то ли ревность взыграла, то ли еще что... В общем, он хотел второго ребенка, и она его родила, хотя я сама собиралась это сделать. До того, как она узнала обо всем, она говорила, что рожать больше не будет, — значит, она сделала это, чтобы его сильнее привязать к себе. Но я все равно тогда радовалась за нее, как за себя, — с цветами пришла в роддом. А она ко мне даже не вышла.

— Вы говорили о чувстве вины.

— Да, я все время живу с этим.

— Все время — это как долго?

— Наверное, последний год — с тех пор, как Дима забрал Катю.

— Как вы чувствуете свою вину?
— Ну, что я виновата во всем...
— Это вы думаете, а чувствуете как?

Редкий случай — Алена понимает меня почти сразу. Она показывает ладонью в область сердца, как бы прикрывая его:
— Вот здесь — боль.
— Весь год, и всегда сильная?
— Нет, раньше была сильная — сейчас уже меньше. Я как-то сходила к гадалке, она хорошей женщиной оказалась — раскинула мне карты, потом беседовали долго. Она мне тогда сказала — устройся на работу, найди себе занятие — станет легче. Я так и сделала. Поначалу нужно было пересиливать себя, отвлекаться — но теперь действительно легче.

«Прекрасно, — думаю я, — болезнь идет на убыль. Обойдемся без чистки».

— Но меня по-прежнему мучит, что я не могу видеться с ней. Поэтому я здесь, чтобы спросить у вас — что мне делать?

Я даю совет, изменяя обычной психологической тактике: «работай с чувствами и оставайся нейтральным».

— Прежде всего то, чего хочет от вас дочка. Я не имею в виду — вернуться к Диме.
— То есть как — не видеться с ней? Но какая же я после этого мать?
— Это в вас ваше чувство вины говорит. А вы спросите свою любовь к дочери, что вам делать?
— Я... Но это же моя дочь. Я не могу ее не видеть.
— Вы уже сделали свой выбор, полюбив Игоря. Уважайте свой выбор. За все в жизни приходится платить.
— Но... я должна ее воспитывать.
— Вы никому ничего не должны. «Долг» — это то слово, которое испортило вам жизнь. Если вы всем должны, как можно для всех стать хорошей? Вы неиз-

бежно будете что-то проваливать и жить со своей болью всю жизнь, потому что вина следует за чувством долга, как тень. Должны быть верной женой, должны быть хорошей дочерью, должны воспитывать ребенка... Хватит! Сколько можно? Побудьте плохой для всех — но живой, настоящей. Поживите для себя...

Смотрите, по сути дела, в вас живут две части — «хочу» и «должна». Они все время борются между собой. И когда побеждает «хочу», получается не так уж плохо.

— Что вы имеете в виду?

— Но вы же хотели нового мужа — и получили его. Вы не хотели, чтобы он разрушил свою семью, — и он не ушел оттуда.

— Но я хочу также, чтобы моя дочь была со мной.

— Это уже не в ваших силах — вы вторглись в зону чужого выбора, и на этот раз он не совпадает с вашим. Она решила иначе — сейчас ей лучше с отцом. Конечно, это не означает, что ей всегда будет с ним лучше, но это ее путь и она должна пройти его сама.

— Но она еще маленькая. Ей всего одиннадцать лет. Разве можно...

— Знаете, святой Франциск был знаменит благодаря молитве: «Господи, дай мне силы изменить то, что я могу изменить, смирения, чтобы принять то, чего я не могу изменить, и мудрости, чтобы отличить первое от второго».

— Я слышала это. Я даже переписала себе ее.

— Переписала — это хорошо. А в жизнь когда воплощать будем?

Мы оба молчим. Лицо Алены разгладилось, она уже не плачет.

— Но как мне вытерпеть...

— Поздравляю, вы уже выросли. Полчаса назад вы спрашивали меня, *что* делать, а теперь спрашиваете, *как*.

— Да, я за этим и пришла — спросить, что делать и как.

— Значит, *что* делать, вы уже поняли?

На лице Алены еще отражаются сомнения.

— Но я же имею право с ней видеться, говорить...

— Право — конечно, имеете. А дальше-то что?

Теперь Алена улыбается. Слез больше нет.

— Сумятица в голове, хаос... Не могу сказать, что вы меня убедили.

— Я и не преследовал такую цель. Мне просто хотелось показать вам другие варианты решений, чтобы вы не зацикливались на чем-то одном.

— Это верно, я часто зацикливаюсь, грызу себя за свою жизнь.

— А вот этого делать как раз и не надо — этим вы даете пищу своему чувству вины. Если будете его так часто подкармливать, оно вас никогда не покинет.

— Как не давать?

— Для начала осознайте, что вы и ваши мысли — не одно и то же. Такое смешение понятий, по сути, выгодно вашему уму — так он становится вашим хозяином. На самом же деле его хозяйка — вы.

— Звучит немного странно.

— Но это так. Сейчас вы улыбались — на этот раз я отвлек вас от ваших мыслей. А завтра вы сможете сделать это для себя сами.

— Значит, как только я начну думать о том, что я так плохо поступила и из-за этого не могу теперь видеть дочь...

— Достаточно сказать: «Привет, я знаю, это ты — чувство вины. Теперь заткнись».

— Все это хорошо, но так я не верну дочь.

— Если вы будете действовать так, как раньше, гоняясь за ней всюду, где вы ее видите, вы тем более ее не вернете. Попробуйте еще что-нибудь — впереди вся жизнь.

— Но время уходит, уходит ее детство.

— Ничего не поделаешь — она сделала свой выбор, вы — свой. На самом деле это *вы* сейчас делаете все, чтобы она не хотела видеться с вами. Вы все время предлагаете ей себя, всегда доступны — зачем? Чтобы вас в очередной раз послали на фиг?

— Так и получается. Я звоню, чтобы убедиться в том, что я не нужна. Проходит какое-то время, и я звоню снова.

— Можно ли хотеть видеться с такой мамой? Представьте себя на минуту на ее месте.

— Наверное, нет. У меня, должно быть, очень жалкий вид.

— Знаете, у американцев есть даже такая жизненная философия: «Держись от неудачника подальше — несчастье заразительно». Чем вы собираетесь с ней поделиться, когда вы ее опять где-то прижмете — своим чувством неполноценности? Если вы любите человека, естественно хотеть разделить с ним радость, но сейчас вы не способны ее дать. Сейчас она бегает от вас — и правильно делает. Ваша дочь ведет себя мудрее, чем вы.

— Да, она очень повзрослела за последнее время.

— Видите? Минуту назад вы говорили, что она еще маленькая. Не так уж все плохо! Есть семьи, в которых оставляют детей, уходя в плаванье, на вахту — да мало ли куда. И ничего, вырастают. Вы любите ее, это понятно — но вам-то чего за нее переживать? Ведь, слава Богу, обута, одета, сыта...

— Получается, не за нее переживаю. Себя жалко.

— Вот это и есть настоящая проблема. С этим и боритесь.

Алена задумывается:

— Ну что ж, все равно я одна... Не буду больше бегать от своего одиночества. Надо все продумать, проанализировать... И зря я хотела получить от вас готовый ответ — все равно все придется решать самой.

— Прекрасно. Теперь у вас есть чем заняться. Заодно и у дочери будет время подумать, так ли уж хорошо, когда вы не появляетесь.

— Ну что ж, на месяц меня и раньше хватало... Но через некоторое время я захочу позвонить ей опять — что делать тогда?

— Вот тогда и поговорим.

Уже в дверях Алена оборачивается:

— Я все-таки не зря к вам пришла. Совсем другое ощущение жизни.

Мы начинаем размеренное и постепенное, но необратимо ускоряющееся движение к личной свободе. А жизненный успех придет к вам в процессе пути. Вы еще не успеете дойти до конца третьей книги, как почувствуете его дыхание в своей жизни.

Это первая книга — как первый шаг. Он бывает труден, но стоит сделать его, чтобы научиться ходить независимо и свободно.

СОДЕРЖАНИЕ

ПРЕДИСЛОВИЕ 8
О РАЗВИТИИ ЧЕЛОВЕКА 12
СИСТЕМЫ ЛИЧНОГО РАЗВИТИЯ 14
ДВИЖЕНИЕ К УСПЕХУ, ПСИХОЛОГИЧЕСКИЙ
РОСТ И ДУХОВНОЕ РАЗВИТИЕ 19
НОВОЕ ОБРАЗОВАНИЕ ДЛЯ ЧЕЛОВЕКА УСПЕХА ... 22
ТВОРЦЫ И РАБЫ УСПЕХА 28
КАЧЕСТВА ТВОРЦА И КАЧЕСТВА РАБА 36
НЕСКОЛЬКО РЕКОМЕНДАЦИЙ
ПО РАБОТЕ С КНИГОЙ 41
Ступень первая. СЛОЖИ СВОЮ ЦЕНУ 43
 Практикум 1. Сознаю себя 53
Ступень вторая. МЫСЛИ ПОЛОЖИТЕЛЬНО 56
 Практикум 2. Формирование
 позитивной направленности 76
Ступень третья. НАУЧИСЬ БЫТЬ ПЛОХИМ 78
 Практикум 3. Подерзим? 92
ЗАЩИЩАЙТЕ ИНФОРМАЦИЮ! 95

Ступень четвертая. РАСКРЕПОСТИ СОЗНАНИЕ 106
　Практикум 4. Тренировка Находчивости,
　или Разрушение Стереотипов 127

Ступень пятая. ОВЛАДЕЙ ЭНЕРГИЕЙ СЕКСА 132
　Практикум 5. Сольемся... мозгами! 161

ПОМОЩЬ В ОСОЗНАНИИ
(случаи из консультативной практики) 164
　Случай первый. Узнавание тела 164
　Случай второй. Обучение свободе 176

**ДЛЯ ОПТОВЫХ ПОКУПАТЕЛЕЙ
ТЕЛ./ФАКС ОТДЕЛА СБЫТА (812) 114-44-70**

**РЕГИОНАЛЬНЫЕ ПРЕДСТАВИТЕЛИ
ИЗДАТЕЛЬСТВА «НЕВСКИЙ ПРОСПЕКТ»**

Санкт-Петербург	«Диля» (812) 314-0561
Москва	«Диля» (095) 261-7396
	«Атберг» (095) 973-0810, 973-0086
	«Триэрс» (095) 157-4395, 273-1182
	«Столица-сервис» (095) 916-1882, 917-7070
Екатеринбург	«Валео +» (3432) 42-0775
Новосибирск	«Топ-Книга» (3832) 36-1026, 36-1027
Ростов	«Фаэтон-Пресс» (8632) 65-6164
Киев	«Орфей-1»:
	Магазин, ул. Кр. Казаков, 6, (044) 418-8473
	Оптовая торговля (044) 464-4945, 464-4970
Уфа	«Азия» (3472) 50-3900
Хабаровск	«Мирс» (4212) 22-7124
Казань	«Таис» (8432) 76-3455
Челябинск	«Интерсервис» (3512) 66-6295, 66-3545

Хохель Станислав

**СЕКРЕТЫ ПОБЕДИТЕЛЯ:
КНИГА РАЗВИТИЯ ЛИЧНЫХ КАЧЕСТВ**

Главный редактор *Смирнова М. В.*
Ведущий редактор *Перелетова Е. В.*
Художественный редактор *Гриневский Р. И.*

ЛР № 066423 от 19 марта 1999 г.
Подписано в печать 23.10.2000. Гарнитура NewtonC.
Формат $84 \times 108^1/_{32}$. Объем 6 п. л. Печать высокая.
Доп. тираж 15 000 экз. Заказ № 2079.

*Налоговая льгота — общероссийский классификатор продукции
ОК-005-93, том 2 — 953000.*

Издательство «Невский проспект».
Адрес для писем: 190068, Санкт-Петербург, а/я 625.
Тел. (812) 114-47-36, тел./факс отдела сбыта (812) 114-44-70.
E-mail: np@overlink.ru

Отпечатано с фотоформ в ГПП «Печатный двор»
Министерства РФ по делам печати, телерадиовещания
и средств массовых коммуникаций.
197110, Санкт-Петербург, Чкаловский пр., 15.

Станислав Хохель предлагает

Для всех желающих:

Индивидуальные консультации

Тренинги по развитию личных качеств

Семинары для читателей книги

Возможен выезд для проведения групповых мероприятий в другие города. Для не имеющих возможности приехать в Киев или участвовать в выездных групповых мероприятиях возможно консультирование по телефону.

Для предприятий России и Украины:

Тренинги по развитию качеств руководящего и продающего персонала

Мотивационные тренинги

Тренинги по формированию команды

Консультирование руководителя по любым проблемам, связанным с персоналом

Индивидуальное консультирование по личным проблемам руководителей и персонала

Справки по телефону (8-044)228-03-49 по будним дням с 15 до 17.00 или по почте: 01133, Киев — 133, а/я 42.

Заявки на участие в семинарах принимаются по телефону (812) 114-47-36.

Новая серия книг
«Современные Техники Влияния»

Величайшее из искусств — искусство жить на земле.

Б. Брехт

Игорь Ларин. Формула успеха

Эта книга не имеет никакого отношения к науке. Только к жизни. Она написана для тех, кто больше не намерен мириться с неприятностями и неудачами.

Если в какой-то области вашей жизни, вы терпите хронические провалы, прислушайтесь к советам человека, который сумел преодолеть свой комплекс неудачника и выбраться на просторы жизненного успеха.

Формул успеха великое множество. Но не все из них «выстраданы» и проверены на практике. Автор этой книги надеется, что его личное мастерство в достижении жизненных благ окажется для вас полезнее, чем дебри научных теорий.

Алексей Богдановский.
Ключи доступа к мыслям и поступкам других людей

Вы ведь хотите добиться профессиональных и финансовых успехов? Вам необходимо расположить к себе множество самых разных людей, от которых зависит ваше благополучие? Вам необходимо нравиться противоположному полу, чтобы достичь счастья в личной жизни? Тогда не тратьте времени на попытки добиться всего этого «традиционным» способом.

Умение читать чужие мысли — это искусство, которым может овладеть любой, кто собирается добиться успеха в этой жизни.

Чтение мыслей автоматически ставит вас в число избранных любимцев судьбы, которым все удается без особого напряжения.

Авторы этой книги откроют вам тайны магии поз и жестов, которая позволяет проникнуть в «святая святых» человеческой психики без применения телепатических способностей.

Фрэнк Карделл. Обретение нашего лидерства и судьбы

Жизнь без нашего управления подобна кораблю без рулевого колеса, попавшему в шторм. Такая жизнь подобна блужданиям ночью в огромном лесу без фонаря, компаса и карты.

Эта книга для тех, кто стремится найти более творческую и зрелую форму лидерства в собственной жизни. Она не для тех, кто все еще восседает на детских стульчиках и кричит: «Дай!» Ее целью является пробудить внутренний источник лидерства, который есть в каждом из нас.

Станислав Хохель
СТУПЕНИ СОЗНАНИЯ: ДВИЖЕНИЕ К ЛИЧНОЙ СВОБОДЕ, НЕОБХОДИМОЕ ДЛЯ УПРАВЛЕНИЯ СУДЬБОЙ.

Мы начинаем размеренное и постепенное, но необратимо ускоряющееся движение к личной свободе. А жизненный успех придет к вам в процессе пути. Вы еще не успеете дойти до конца третьей книги, как почувствуете его дыхание в своей жизни.

Книга 1. СЕКРЕТЫ ПОБЕДИТЕЛЯ

Эта книга поможет вам выбрать свою цель, свое счастье, свое виденье мира, избавиться от внутренних войн и конфликтов с самим собой; понять и полюбить самого себя; принять свои желания и начать жить так, как вы хотите; освободить сознание от плесени стереотипного мышления; освободить себя от навязанных обществом, безнадежно устаревших моделей поведения; найти свой путь к успеху; обрести жизненные силы, чтобы двигаться по этому пути; наполнить себя совершенной энергией, дающей силу неузнаваемо изменить свою жизнь.

Книга 2. УРОКИ ПРОЦВЕТАНИЯ

Вы можете стать независимым, успешным и свободным. И тогда все то, что приносит человеку счастье — здоровье, деньги, карьера, взаимоотношения — придет к вам.

Эта книга поможет вам: осознать границы своей жизненной территории и защитить ее от чужого влияния; расширить эти границы, освободившись от необходимости исполнять чужие претензии и желания; избавиться от рабской привязанности к деньгам и приобрести способность управлять денежным потоком; избавиться от негативной и болезненной зависимости от других людей (ревность, зависть, обиды); превратить жизненные трудности в материал для будущих радостей; открыть в себе новые источники энергии и убедиться в неиссякаемости своей внутренней силы.

Книга 3. ПРОБУЖДЕНИЕ НОВЫХ ВОЗМОЖНОСТЕЙ

Задача этой книги — вызывать, будить, провоцировать. Вывести нас за пределы привычных представлений о самих себе. Она помогает снять фальшивые маски, прикрывающие наши чувства, пройти через очищение резервуаров гнева, печали и страха, чтобы затем заполнить их Любовью, Счастьем и Радостью.

Вы будете иметь наивысшие шансы на успех только в том случае, если сами научитесь качеству искренности, качеству жизнерадостности, умению любить и быть любимым.

Пришло время стать Творцом той Судьбы, которую ищем.

Вы можете получить эти и многие другие книги наложенным платежом, прислав заявку по адресу:
199397, Санкт-Петербург, а/я 196, ЗАО «Грифъ», тел. (812) 325-8214
Не забудьте указать свой почтовый адрес, фамилию и имя.
Книги рассылаются только по территории России.

Серия
«Техника одушевления предметов»

Не нужно держать под контролем все обстоятельства своей жизни вплоть до мелочей. Это просто вредно!

Ведь функции контроля можно и нужно навсегда снять с себя. Снять, чтобы переложить на кого-то... или на что-то другое.

Да, у вас уже вполне достаточно сил, чтобы окружить себя незаменимыми энергоинформационными защитниками и помощниками! И начать жить спокойно, не переживая больше из-за изматывающих мелочей быта. Именно для этого и создано новое направление системы ДЭИР, названное «Работа с сущностями и существами».

Вы научитесь создавать:

- Хранителей равновесия и здоровья
- Защитников семьи и пространства
- Проводников к цели
- Регуляторов отношений
- Помощников в делах

Вы можете получить эти и многие другие книги наложенным платежом, прислав заявку по адресу:
**199397, Санкт-Петербург, а/я 196, ЗАО «Грифъ»
тел. (812) 325-8214**
Не забудьте указать свой почтовый адрес, фамилию и имя.
Книги рассылаются только по территории России.
Указанные цены не включают расходы по пересылке.

КНИГИ-КАЛЕНДАРИ НА 2001 ГОД

Г. Малахов «Оздоровительные советы на каждый день 2001 года» 20-00
Г. Малахов «Оздоровительные советы для женщин
на каждый день 2001 года» 18-00
А. Семенова «Календарь фэн-шуй на 2001 год» 18-00
А. Семенова, О. Шувалова «Лунный календарь
на каждый день 2001 года» 18-00
Женский календарь на 2001 год 18-00
Православный календарь на 2001 год 18-00

ОТРЫВНЫЕ КАЛЕНДАРИ НА 2001 ГОД

Анастасия Семенова «Магия родного дома» 14-00
Оздоровительные советы на каждый день 14-00
Сад и огород день за днем 14-00
Ваш лунный календарь 14-00
Ваш астрологический календарь 14-00
Заговоры на каждый день 14-00
Судьба и карма 14-00
Праздник — каждый день 14-00

СЕРИЯ «ИСТОКИ ЗДОРОВЬЯ»

А. Семенова «Магия родного дома» 13-00
А. Семенова «Карма вашего дома» 13-00
А. Семенова «Целительные свойства синего йода» 13-00
А. Семенова «Целительный яблочный уксус» 13-00
А. Семенова «Семь шагов к счастью» 13-00
А. Семенова «Оберегу от всех невзгод» 13-00
А. Семенова «Тайные силы маятника» 13-00
Анастасия Семенова «Чудо-целитель алоэ» 13-00
Анастасия Семенова «Лечение теплом» 13-00
А. Семенова, О. Шувалова «Амулеты и талисманы» 13-00
А. Семенова, О. Шувалова «Лунный календарь
в повседневной жизни» 13-00
О. Шувалова «Целительная магия деревьев» 13-00
О. Шувалова «Лечение глиной и целебными грязями» 13-00
О. Шувалова «Судьба и карма» 13-00
Г. Романова «Лечение яблоками» 13-00
Г. Романова «Лечение облепихой» 13-00
Г. Романова «Чай: лекарство и удовольствие» 13-00
Г. Романова «Кофе: лекарство и удовольствие» 13-00
О. Мазур «Морковь против рака и других 65 болезней» 13-00
О. Мазур «Капуста против язвы и других недугов» 13-00
Н. Андреева «Секреты здорового позвоночника» 13-00

КНИГИ О. ШУВАЛОВОЙ В СЕРИИ «В РИТМАХ ЛУНЫ»

«Луна и тайны нашей судьбы» 13-00
«Луна и магия» 13-00
«Луна и гадания» 13-00
«Луна и здоровье» 13-00
«Луна и наши сны» 13-00

КНИГИ А. СЕМЕНОВОЙ В СЕРИИ «РУССКИЙ ФЭН-ШУЙ»

«Дом и его тайные силы» 13-00
«Дом — зеркало судьбы» 13-00
«Очищение дома» 13-00
«Дыхание вашего дома» 13-00
«Вампиры и доноры вашего дома» 13-00
«Секреты домостроя» 13-00

КНИГИ А. СЕМЕНОВОЙ В СЕРИИ «ДОРОГА К ХРАМУ»

«Дорога к храму» 13-00
«Храм в нашем доме» 13-00
«Молитвы за родных и близких» 13-00
«Исцеление постом» 13-00

СЕРИЯ «ИСЦЕЛЕНИЕ ДУШИ»

Дмитрий Орехов «Святые места России» 13-00
Дмитрий Орехов «Святые источники» 13-00
Дмитрий Орехов «Святые иконы России» 13-00
Дмитрий Орехов «Русские святые XX столетия» 13-00

СЕРИЯ «СИСТЕМА ДАЛЬНЕЙШЕГО ЭНЕРГОИНФОРМАЦИОННОГО РАЗВИТИЯ»

«Освобождение» 13-00
«Становление» 13-00
«Влияние» 13-00
«Зрелость» 13-00
«Уверенность» 13-00
«Техника одушевления предметов» (в 2-х книгах) .... по 13-00

СЕРИЯ «СОВРЕМЕННЫЕ ТЕХНИКИ ВЛИЯНИЯ»

Хохель С. «Секреты Победителя: Книга развития личных качеств» 13-00
Хохель С. «Территория новых возможностей:
  Открываем в себе качества Творца Успеха» 13-00
Ларин И. «Формула успеха: позитивное программирование жизни» ... 13-00
Богдановский А. «Ключи доступа
  к мыслям и поступкам других людей» 13-00

СЕРИЯ «ВАШ СЕМЕЙНЫЙ ДОКТОР»

А. Васильева «Самодиагностика: как предупредить
  развитие болезни» 13-00
А. Васильева «Краткий медицинский справочник» 13-00
А. Васильева «Гастрит: решение наболевшей проблемы» 13-00
А. Васильева «Болезни почек: быть или не быть» 13-00
А. Васильева «Остеохондроз: профилактика и исцеление» 13-00
А. Васильева «Болезни печени: вопрос жизни и... времени» ... 13-00
М. Ахманов «Диабет в пожилом возрасте» 13-00
Е. Николаева «Язвенная болезнь желудка» 13-00
Н. Львова «Бессонница» 13-00
К. Воробьев «Грипп: лечение и профилактика» 13-00
Н. Яковлева «Гипертония» 13-00